Catharina Gadelha

Kreatives Tanzen mit Schulkindern

Für Luana, Jupp, Rejane und Christóvão

Catharina Gadelha

Kreatives Tanzen mit Schulkindern

Ein Leitfaden für Lehrer und Tanzpädagogen

HENSCHEL

www.henschel-verlag.de
www.seemann-henschel.de

Bibliografische Information der Deutschen Nationalbibliothek
Die Deutsche Nationalbibliothek verzeichnet diese Publikation in der Deutschen Nationalbibliografie; detaillierte bibliografische Daten sind im Internet über http://dnb.d-nb.de abrufbar.

ISBN 978-3-89487-720-0

Lektorat: Anja Herrling
Umschlaggestaltung: Ingo Scheffler, Berlin
Titelbild: © Randolf Allenstein
Abbildungen im Innenteil: S. 12, 20 und 139 © Randolf Allenstein, alle übrigen © Catharina Gadelha
Satz und Gestaltung: Grafikstudio Scheffler, Berlin
Druck und Bindung: GGP Media GmbH, Pößneck
Printed in Germany

Gedruckt auf alterungsbeständigem Papier mit chlorfrei gebleichtem Zellstoff.

Inhalt

Vorwort

Die Diskussion um Tanz als künstlerisch-kultureller Bereich ästhetischer Bildung hat in den letzten Jahren glücklicherweise durch unterschiedliche »Bewegungen« stark zugenommen und kompetente Unterstützung erhalten. Neue Studiengänge wie der Weiterbildungsmasterstudiengang Tanzkultur V.I.E.W. (Vermitteln, Inszenieren, Evaluieren und Wissen) an der Deutschen Sporthochschule Köln haben sich etabliert, und es wurden – mit Förderung durch Tanzplan Deutschland – in Köln an der Hochschule für Musik und Tanz zusammen mit der Deutschen Sporthochschule und an der Hamburger Universität Studiengänge konzipiert, die das Können und Wissen um die Vermittlung von Tanz als Kunstform für den Kontext Schule und Unterricht zum Inhalt haben. Anders als in früheren Versuchen, Tanz im Lehrplan zu verankern, sind heute Tanzkünstler, Choreografen und Tanzpädagogen an der Diskussion beteiligt und bringen sich als Vermittler in künstlerische Projekten ein. Der Bundesverband Tanz in Schulen e.V. hat Qualitätsmerkmale als Orientierung formuliert, die helfen sollen, den Unterricht zu gestalten, indem sie anspruchsvoll und umfänglich das »Was« und das »Wie« kompetenter Vermittlung erörtern.

Dennoch ist immer wieder festzustellen: Die vielen Jahre, in denen der Tanz in Deutschland nicht die ihm zustehende gesellschaftlich-kulturelle Verankerung hatte, haben Folgen. Es gibt nur wenige Persönlichkeiten, die das alles in sich vereinen: Künstlervorbild zu sein und empathischer Pädagoge; die mit Können und Freude das Unterrichten als einen kreativ-künstlerischen Prozess begreifen, der aus der lebendigen Kommunikation mit Schülerinnen und Schülern neugierig forschend immer wieder neue Aufgabenvarianten hervorzuzaubern sich eignet; die kurzum in der Lage sind, fachliches Können weiterzugeben und gleichzeitig mit der eigenen Leidenschaft für die Tanzkunst anzustecken.

Ich habe Catharina Gadelha, die Autorin des vorliegenden Buches, als eine dieser seltenen Persönlichkeiten erlebt: Sie ist Künstlerin und Pädagogin mit überzeugender Authentizität. Ihre Stunden hinterlassen bei Schülerinnen und Schülern aller Ziel- und Altersgruppen das gute Gefühl, als Person individuell wahrgenommen sowie vielseitig gefordert und gefördert zu werden. Ihre kluge, reflektierte Haltung, ihr fundiertes tanzkünstlerisches Können und Wissen gepaart mit ihrem pädagogischen »Eros« ermöglicht es den Teilnehmenden, sich im Tanz positiv und freudvoll zu erleben, was ihr sehr wichtig ist, denn alle Erlebnisse im Tanzunterricht prägen entscheidend die Einstellung zu dieser Kunst, die wie keine andere physisch *und* psychisch wirkt.

Ich freue mich, dass Catharina Gadelha nun mit diesem Buch ihr Konzept von Tanzunterricht weitergeben und andere daran teilhaben lassen kann. Jedes der im Buch angesprochenen Themen verknüpft sie in ihrer ganz speziellen Art und Weise mit ihrem Verständnis von Tanzkunst. Lassen Sie sich, liebe Leserinnen und Leser, davon inspirieren, auch um eigene Wege zu entwickeln, Tanzunterricht fantasievoll zu gestalten!

Anne Tiedt
Leiterin Spiel-Musik-Tanz/Bewegungstheater am
Institut für Tanz und Bewegungskultur der DSHS Köln

Einleitung

Dieses Buch war nur möglich durch die unzähligen Unterrichtsstunden, die ich mit meinen Schülerinnen und Schülern verbringen durfte. Mit viel Freude habe ich daran gearbeitet und dabei natürlich ständig meine Lehrtätigkeit reflektiert – einen kreativen pädagogischen Prozess, der ständig in Bewegung ist, voller Überraschungen und Wendungen, und für den die Praxis fundamental ist.

Während des Schreibens wurde mir immer wieder die Freude und Lust bewusst, die ich bei meiner Arbeit empfinde. Und auch die Erinnerungen an wunderbare Momente in den Tanzstunden, in den Aufführungen oder während der Fortbildungen, die ich erleben durfte, haben mich immer wieder zum Lächeln gebracht. Mit diesem Buch möchte ich Ihnen ein Stück von diesem Glück weitergeben.

Dieses Buch ist, so hoffe ich, nicht nur für Tanzschaffende interessant, die bereits im Kinder- und Jugendbereich arbeiten oder dies planen. Während ich schrieb, habe ich auch an Theatermenschen, an LehrerInnen und ErzieherInnen sowie Studierende in Tanz-, Theater- und Sportfächern gedacht, denn eines meiner Themen ist die Verbindung von Bewegung mit dem Spiel in seinen kreativen pädagogischen und künstlerischen Prozessen, und gerade diese drei Sparten können sich sehr gut ergänzen und voneinander profitieren.

Sie finden in diesem Buch die Beschreibung meiner pädagogischen Arbeit im kreativen Tanz für Kinder und Jugendliche. Meine Art zu unterrichten ist natürlich nur als *ein* Weg von vielen zu betrachten. Denn genauso vielfältig wie der Tanz kann auch dessen Vermittlung sein. Die Ideen und Übungen und auch die konkreten Beispiele für Tanzstunden können Sie so übernehmen, wie sie sind oder aber sie je nach Geschmack und Notwendigkeit verändern und verwandeln. Sie werden bestimmt viel Freude damit haben.

Die Art und Weise, wie ich heute arbeite, ist das Ergebnis meiner langjährigen Erfahrung als Tanzpädagogin wie auch der glücklichen

Begegnungen, die ich in meinen Aus- und Weiterbildungen im pädagogischen und künstlerischen Bereich hatte. Stark geprägt haben mich die Methode Gisela Peters-Rohse im Kreativen Kindertanz, diejenige von Anne Tiedt und Prof. Wolfgang Tiedt im Fach Spiel-Musik-Tanz/Bewegungstheater an der Deutschen Sporthochschule Köln sowie die Arbeitsweise von Maja Lex im Elementaren Tanz, weitergetragen in der Person von Graziela Padilla. Einzelne Aspekte und auch das Zusammenspiel dieser Methoden werden Sie hier immer wieder finden. Außerdem spielt in meiner Arbeit die Zusammenarbeit mit Theaterschaffenden seit einigen Jahren eine wichtige Rolle, diese hat mir ganz neuen Türen geöffnet.

In diesem Buch wird nicht allein die Technik behandelt. Eine Frage, die mich in meinem Unterricht stets begleitet, egal in welcher Altersgruppe ich unterrichte, ist: Wie kann ich auch aus einer eigentlichen Technikübung eine Tanzübung machen? Oft konzentrieren wir uns nämlich zu sehr auf die Technik und vergessen, dass wir eigentlich tanzen wollen. Aber durch das Tanzen selbst wächst auch die Qualität in der Technik! In diesem Buch werden daher Improvisation und Technik bewusst eng miteinander verbunden.

Weitere zentrale Fragestellungen sind: Wie finde ich Ideen und Themen für die Tanzstunden? Und wie kann man aus einer Idee ein Thema, eine Übung oder gar eine Stunde gestalten? Sie werden hier als Antworten konkrete Vorschläge finden und gleichzeitig wird das Buch Ihnen Impulse geben, eigene Lösungen zu entwickeln.

Musikalität in der Bewegung

Der differenzierte Umgang mit der Zeit, auch und im Besonderen unabhängig von Takt und Zählzeiten, ist eine sehr spezielle Bewegungsfähigkeit. Der Tanz hängt von ihr ab. Das Gespür für die Zeit bestimmt die Musikalität in der Bewegung. Dieses kann weiterentwickelt, aber nicht im eigentlichen Sinne antrainiert werden, denn Musikalität in der Bewegung ist entweder vorhanden und äußert sich authentisch und oder nicht.

Musikalität in der Bewegung bedeutet, Zeit und Emotion in Besitz zu nehmen. Es bedeutet auch, mit der Musik spielen zu können, aus ihr »seine eigene« zu machen, sie zu verkörpern und zum Ausdruck zu bringen. Bewegung und Musik verschmelzen wie selbstverständlich. Auch dort, wo keine Musik zu hören ist.

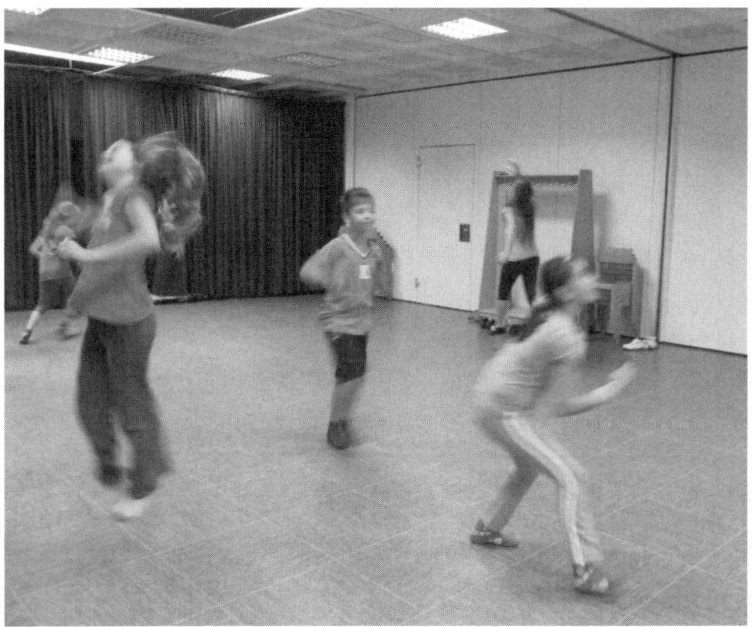

Projektwoche mit Viertklässlern, Duisburg 2011

Im kreativen Prozess wirkt dieses Verschmelzen oft erstaunlich organisch: Im Moment der Zusammenfügung wirken die ausgeführten Bewegungen, als ob sie für die gerade benutzte Musik geschaffen sind. Wenn ich hier von Musik schreibe, meine ich nicht nur diejenige, die durch Instrumente oder Gesang entsteht. Ich meine auch die Musik, die in einer Erzählung steckt, oder es gibt nur einen Grundschlag, der wiederholt wird. Das Tempo ist dadurch vorgegeben, aber kein Rhythmus und keine Melodie sind vorhanden; diese wiederum können wir sehr unterschiedlich »hören« und/oder selbst bestimmen und entsprechend spüren und in die Bewegung übertragen. Aus der Musikalität in der Bewegung werden der Ausdruck, der Charakter, die Persönlichkeit, die künstlerische Bewegungsausführung ersichtlich. Es steckt Inhalt darin, auch wenn er unausgesprochen bleibt. Das ist die Essenz des Tanzes. Und das können wir schon bei manchen Kindern beobachten, die selbstverständlich mit

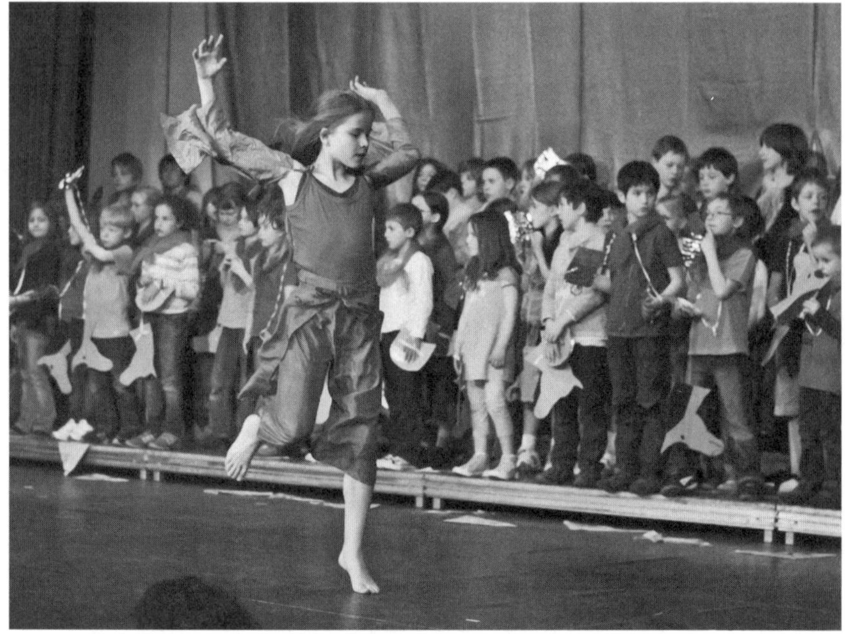

»Olivers Abenteuer«, Choreografie von Catharina Gadelha, Köln 2010

der Musikalität umgehen, die schon ein Gespür entwickelt haben für das, was passt. Ganz unabhängig davon, ob überhaupt Musik läuft oder nicht, schaffen sie es durch ihre Bewegungsausführung, die eigene Musik entstehen zu lassen.

Wir können Bewegungen so entwickeln, dass sie genau auf eine bestimmte Musik passen. So überlegen wir uns beispielsweise für eine sehr langsame Musik im ¾-Takt, zu der wir uns sehr langsam bewegen, einen wunderbaren Dreier-Tanzschritt. Jeder würde sagen, das passt auf die Musik, und das tut es auch. Die Bewegungen haben das Tempo und den Takt der Musik übernommen, aber dadurch entsteht noch keine Musikalität in der Bewegung. Die Musikalität in der Bewegung verlangt die Verkörperung dessen, was gehört wird oder was man zu hören meint. Es reicht nicht, »auf der Musik« zu sein. Der kreative Prozess zeigt sich in der Bewegungsausführung. Wenn das Wie der Ausführung variiert wird, können die Bewegungen im Sinne der authentischen motorischen Verarbeitung einer emotionalen Erfahrung beim Hören der Musik immer noch auf dieselbe Musik passen.

Ein Übungsbeispiel:
Die Kinder sollen ihre Arme gleichmäßig hin und her schwingen und zusammen mit jedem Schwung einen Schritt abwechselnd nach rechts und nach links machen. Für jeden Schwung steht ein Takt zur Verfügung. Die Kinder sollen sich frei im Raum bewegen. Erst führen sie die Bewegung weich und fließend aus. Dann soll die gleiche Bewegung schärfer und härter gemacht werden. – Das Bild dafür ist das Meer: Erst fließt es sehr ruhig an den Strand und das Wasser ist sehr sanft. Dann schlägt das Meer mit voller Wucht gegen den Strand, gegen die Steilküste.

Wir haben dieselbe Bewegung, aber in höchst unterschiedlichen Bewegungsqualitäten. Beide Versionen passen auf dieselbe Musik und sind jeweils im Moment der Ausführung genau die richtige für diese Musik. Voraussetzung hierbei ist, dass die Aufgabe mit Überzeugung und Begeisterung getanzt wird.

Die Musik und die Bewegungen sind nicht voneinander abhängig, aber sie können den Eindruck erwecken, unbedingt zusammenzugehören. Diese Illusion der Zusammengehörigkeit wird durch die Musikalität in der Bewegung geschaffen. Die Verkörperung der Musik erzeugt Emotionalität, der in den Bewegungen augenblicklich Ausdruck verliehen wird. Die Fähigkeit, mit der gefühlten Zeit umzugehen und eine Musik sehr differenziert zu hören oder überhaupt Musik entstehen zu lassen, ist hierfür wesentlich.

Eine spezifische Zusammengehörigkeit zwischen einer Musik und einer Bewegung findet oft nur einen kurzen Augenblick lang statt, solange nämlich die Tanzimprovisation andauert. Wenn die Kinder die gleiche Tanzaufgabe auf dieselbe Musik zweimal hintereinander bekommen, werden wir wahrscheinlich kaum eine bis gar keine Wiederholung in der Bewegung beobachten können. Und wenn die Kinder ihre Musikalität in der Bewegung erst einmal entwickelt haben, bringen sie verschiedene Bewegungen hervor, die aber immer gleich gut auf die Musik passen. Sie machen das ganz intuitiv, emotional intuitiv, denn es wird nicht konstruiert, sondern gespürt, was sie gerade tanzen. Die Bewegung an sich ist nicht das Entscheidende, sondern die Bewegungsausführung. Wenn die Kinder spielerisch frei und unbefangen in die Tanzimprovisation eingeführt werden, schaffen sie es mit hoher Wahrscheinlichkeit, ihre Musikalität in der Bewegung intuitiv zu finden, denn sie gestalten von innen nach außen. Wenn ihnen jedoch vorgegeben wird, was sie tanzen sollen, verlieren sie meistens ihre Spontaneität, denn der Impuls kommt dann von außen, muss den Weg nach innen finden, verkörpert und wieder nach außen gebracht werden. Und das am besten noch mit viel Ausdruck! Das ist keine leichte Aufgabe. Es braucht Zeit, um die Bewegungsanforderung zu »verdauen« und sie zusammen mit der Musik ausdrucksvoll wieder nach außen zu transportieren. Wenn wir mit vorgegebenem Bewegungsmaterial arbeiten wollen, müssen die Kinder sich mit dem vorgegebenen Material identifizieren können. Besonders in diesem Fall ist es notwendig, dass den Kindern bewusst ist, warum sie etwas tun. Es ist zu wenig, die Schritte oder den Tanz immer nur zu wiederholen. Solange die Kinder keinen emotionalen Zugang zu den Schritten oder den Bewegungsabfolgen haben, werden diese vielleicht korrekt ausgeführt, aber es wird noch nicht getanzt. Selbstverständlich können auch mit diesem Arbeitsweg sehr gute Ergebnisse erzielt werden, wenn es um motorische Aufgaben geht, also dass die Kinder sich mit Reihenfolgen beschäftigen und in den Bereichen Rhythmik, Koordination und Konzentration weiterkommen. Aber als Tanz sollte das meiner Meinung nach noch nicht gesehen werden.

Um Musikalität in der Bewegung zu haben, brauchen wir keine Kenntnisse der Musiktheorie. Aber wir müssen Musik wirklich hören, und zwar aktiv, körperlich. Ich kann Ihnen nur empfehlen, viel Musik zu hören und zuzulassen, dass die Musik Sie in Bewegung bringt.

Eine Übung, die ich gerne mit Erwachsenen in Fortbildungen mache, ist die folgende:
Wir stehen im Kreis. Hören Sie jetzt ausschließlich auf die Musik, möglichst mit geschlossenen Augen. Wenn Sie das Bedürfnis haben, sich durch das, was Sie hören, zu bewegen – und nur dann –, so tun Sie es bitte. Wenn das Bedürfnis nicht kommt, dann bewegen Sie sich nicht. Die Form ist jetzt nicht wichtig. Wenn Sie sich bewegen, soll es so sein, wie Sie es als passend empfinden, wie es gerade kommt.

Das hört sich trivial an, ist es aber nicht. In den Fortbildungen ist es so, dass viele Leute sich zunächst nicht bewegen, die ganze Musik hindurch nicht. Andere haben sich zwar bewegt, aber später festgestellt, dass es oberflächlich war, dass sie nicht wirklich die Musik gehört haben. Und wieder andere haben es tatsächlich geschafft, sich von der Musik bewegen zu lassen. Die Übung geht so weiter, dass wir die Musik hören und gemeinsam versuchen, sie zu analysieren. Gemeinsam – also nicht von mir diktiert – hören wir verschiedene Elemente aus der Musik heraus. Ich brauche nur einen kleinen Impuls zu geben, wie: »Hören Sie, da ist immer ein Schlag, der sich in gleichmäßigem Abstand wiederholt.« Schon platzt der Knoten und es wird ganz viel gehört, da eine Verdopplung, hier eine Pause, dort wird die Musik stärker usw. Mit einigen dieser Elemente arbeiten wir anschließend weiter, auch ganz ohne Musik. Ziel ist es, was wir gehört haben, in die Bewegung zu übertragen. Später werden die Elemente aus der Musik nach und nach kombiniert – wohl gemerkt, *frei* kombiniert, denn hier geht es um das Hören und die Übertragung des Gehörten in die Bewegung. Es werden keine Tanzschritte gesucht und gelernt. Wir suchen die Spontaneität und wollen das Hören schulen. Am Ende dieser Übung wiederholen wir den Anfang. Dass jemand bewegungslos bleibt, habe ich noch nie erlebt. Wir haben nicht gleich unsere Musikalität in der Bewegung gefunden, aber wir sind ihr näher gekommen.

Mit der Struktur der Musik spielen

Die Musik macht ein Angebot, das unterschiedlich aufgenommen und interpretiert werden kann. Die Musik eins zu eins zu interpretieren, ist eine Möglichkeit. Es ist wunderbar, und ich denke, es bewegt uns alle, wenn eine oder mehrere Personen auf eine Musik einen gefühlsvollen Tanz ausführen und noch dazu die Bewegungen perfekt mit der Musik synchronisiert sind. Sie geben uns das Gefühl, dass jeder Ton, jede Pause, Betonung usw. im Tanz hervorgehoben ist. Kinder lieben eine solche Aufgabe, eine solche Herausforderung. Es macht ihnen viel Freude, eine vorgegebene Bewegungssequenz auf die Musik zu setzen, sie rhythmisch und sauber koordiniert zu meistern. Das wird aber nicht unbedingt Musikalität in der Bewegung mit sich bringen, vor allem, wenn es nur darum geht, diese Bewegungsfolgen auf die Zählzeiten in der Musik immer wieder »nachzumachen«. Ich behaupte sogar, dass es ziemlich lange dauern kann, bis Kinder ihre Musikalität in der Bewegung finden, wenn sie sie überhaupt jemals finden. Ich möchte nicht pessimistisch klingen, aber die Wirklichkeit an den Schulen ist oft die, dass nicht genug Zeit für so eine Entwicklung vorhanden ist. Dennoch bin ich der Meinung, dass die Erfahrung, sich genau auf eine Musik zu bewegen, mit vorgegebenem Bewegungsmaterial zu tanzen, für Kinder sehr wichtig ist. Kinder können sich Bewegungssequenzen wunderbar merken und diese dann tänzerisch ausführen, wenn eine emotionale Identifikation über die Bewegung und die Musik hergestellt wird, statt sich ausschließlich an Zählzeiten festzuhalten.

Eine zweite Möglichkeit, mit der Musikstruktur zu spielen besteht darin, zwar ebenfalls genau mit der Musik zu sein, aber in der Gestaltung frei zu bleiben. Die Kinder bekommen eine bestimmte Bewegungsaufgabe, wie sie auf die Musik tanzen sollen. Sie sollen sich beispielsweise in einer Diagonale durch den Raum bewegen. Wann sie sich bewegen, wird genau vorgegeben. Wir nehmen einen 4/4-Takt und sie dürfen sich nur auf 1, 2 und 3 fortbewegen. Diese Aufgabe ist für Kinder aus dem 1. Schuljahr, sie wird folgendermaßen gestellt:

> Zwei Kinder waren im Wald zusammen spazieren und beim Spielen haben sie sich aus den Augen verloren. Sie suchen sich nun und flüstern dabei mehrmals hintereinander: »Wo bist du?« Mit jedem Wort machen sie einen Schritt.

Jedes Wort steht für einen Schlag bzw. eine Viertelnote da und nach dem Satz kommt eine Pause, so haben wir einen vollständigen 4/4-Takt:

♩ ♩ ♩ ♩

Wo bist du? *P* (Phrasierung)
re li re P *

Bei »Wo bist du?« dürfen sie sich bewegen. In der Pause *P* soll absolute Stille herrschen. Für die Kinder muss aber klar sein, dass nach dem »du« eine Pause ist. Es gibt verschiedene Möglichkeiten, dies klarzustellen. Ich kann den Kindern sagen, dass das Fragenzeichen nach dem »du« Zeit für sich braucht. Oder wir selbst brauchen nach der Frage »Wo bist du?« einen kurzen Moment Zeit, um vielleicht auf ein Antwortsignal zu lauschen. Wichtig ist also, dass die Pause nachvollziehbar wird. Selbstverständlich können wir diesen Satz unterschiedlich rhythmisieren und die gleiche Bewegungsaufgabe beibehalten. In die folgende Rhythmisierung werden zwei Pausen gegeben und auf »bist du« sind zwei kurze Schritte, in der Zeit eines Grundschlags, zu machen. Bei jedem Wort sollen sie sich fortbewegen.

♩ ♩ ♪ ♪ ♩

Wo *P* bist du? *P*
re P li re P

Später können wir noch mit der Lautstärke spielen. Bei lauter Stimme sollen die Bewegungen groß sein und sobald es leiser wird, sollen die Bewegungen klein werden, oder genau anders herum. Die Lautstärke wird von mir bestimmt. Die Kinder müssen hören und reagieren. In der besagten Diagonale dürfen sie sich vorwärts, rückwärts und seitwärts drehen, sich ducken und strecken, aber immer nur in eine Richtung fortbewegen. Die Kinder werden sich mit der Musik synchron bewegen. Jedes Kind jedoch wird die Bewegungen

* Die Abkürzungen und Symbole werden im Anhang S. 153 erklärt.

in der Form und im Raum anders gestalten. Durch das zeitgleiche Geschehen schaffen wir ein klares Bild. Damit schulen wir sowohl das präzise Gehör als auch das kreative Potenzial der Kinder. Diese Art von Arbeit eignet sich sehr gut, wenn wir wenig Zeit haben, wie z.B. bei einer Projektwoche oder einem Workshop. In kurzer Zeit können wir mit den Kindern Qualität erzeugen. Mit Sicherheit haben wir hiermit eine größere Chance, dass die Kinder ausdrucksvoller tanzen können.

Eine weitere Möglichkeit, mit der Musik *frei* zu spielen, ist es, über das Angebot der Musikstruktur hinauszugehen. Es ist sehr spannend, durch musikalische Aktionen neue Ideen auszulösen. Pausen einzubauen, wo keine Pause in der Musik ist, sich langsamer zu bewegen, wo die Musik schneller ist usw., eben in offener Art und Weise in den Dialog mit der Musik zu treten, in etwa so, wie ein Kind auf einem Spielplatz spielt. Für uns Erwachsene scheint auf einem normalen Spielplatz alles klar definiert zu sein: Da ist eine Rutsche, man steigt hoch, setzt sich hin und rutscht runter; dort ist eine Schaukel zum Draufsetzen und Schaukeln, so einfach und offensichtlich ist das. Doch Kinder können auch anders, wenn wir Erwachsene uns nicht immer einmischen. Ich habe großen Spaß, zu beobachten, was Kinder auf einem Spielplatz alles anstellen können. Es entstehen immer neue Möglichkeiten. Sie sind so frei, gehen Risiken ein und fangen plötzlich an, mit dem Gerät und der Umgebung anders zu spielen, als es eigentlich »vorgesehen« ist. Sie gehen über das Angebot hinaus. Das, was sie machen, passt dann wunderbar und sieht in dem Augenblick so aus, als ob nichts anderes gewollt gewesen wäre. Genauso können wir mit der Musik umgehen. Das heißt, auch wenn die Musik ein klares Angebot macht, ist es möglich, etwas anderes als passend durchzusetzen.

Es gibt aber auch unkonventionelle Spielplätze, auf denen überhaupt nicht vorgegeben ist, wie und was man auf dem Gelände machen kann. Nur durch freies Ausprobieren lässt sich herausfinden, was es alles hergibt. Genau diese Erfahrung mache ich, wenn wir Musik benutzen, die ungewöhnlich oder nicht direkt erfassbar ist, wo etwa kein Rhythmus zu erkennen ist. Und gerade hier ist die Musikalität in der Bewegung wichtig, damit der Tanz nicht einfach beliebig wird und die Musik zur nebensächlichen Dudelei degradiert. Ich habe einmal mit Kindern aus dem 4. und 5. Schuljahr ein Projekt durchgeführt, bei dem wir auf eine Musik, die nur aus Klang und Geräuschen bestand, eine Choreografie entwickelt haben. Es war am Anfang sehr gewöhnungsbedürftig. »Man kann auf diese Musik gar nicht tanzen!« oder »Das ist gar keine Musik!« waren die ersten Reaktionen. Ich muss sagen, dass auch ich selbst am Anfang die Musik nicht besonders inspirierend fand. Es war aber unser Auftrag, damit zu arbeiten. Je länger wir uns damit beschäftigt haben, umso einfacher und normaler wurde die Musik für uns. Wir haben

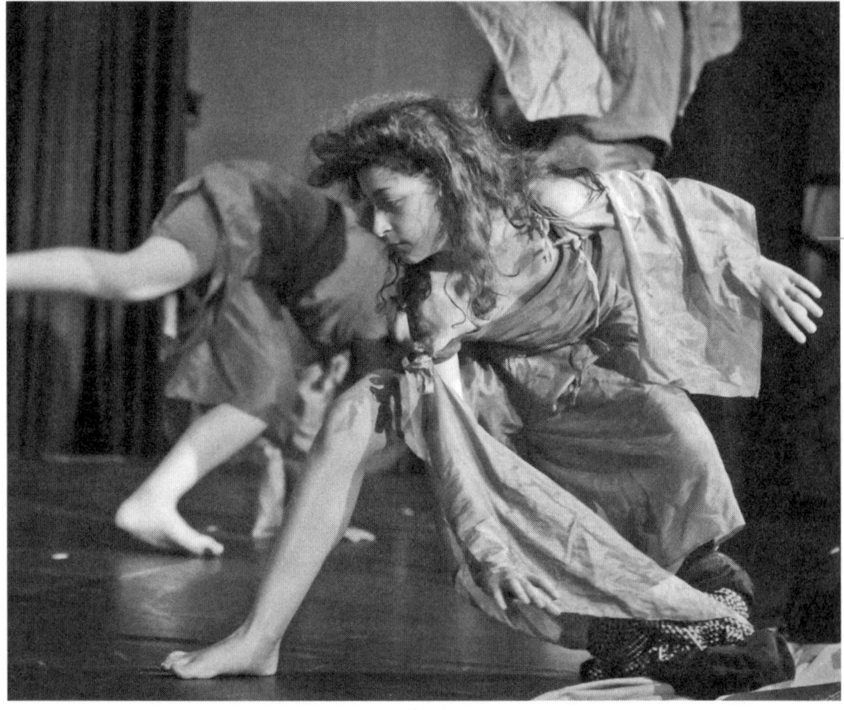

»Olivers Abenteuer«, Choreografie von Catharina Gadelha, Köln 2010

es geschafft, tatsächlich eine Struktur in der Musik herauszuhören und durch Assoziationen fantasievolle Bewegungsinspirationen zu gewinnen. Dann wurde es spannend. Die Kinder wurden zunehmend eins mit der Musik und ich ebenso. Am Ende stellte sich bei uns allen eine große Identifikation mit dieser Musik ein. Allerdings habe ich nach der ersten Begegnung mit der Musik, auf die wir tanzen sollten, diese erst mal zur Seite gelegt. Wir haben zunächst viele Improvisationsübungen mit verschiedenen Klängen und Geräuschen gemacht, mal mit Instrumenten und mal mit unseren Körpern und Stimmen oder auch mit unterschiedlichen Materialien erzeugt. Wichtig waren vor allem die Bilder, die wir benutzt haben. Sie haben den Klängen und Geräuschen einen tänzerischen Sinn gegeben. Und als die Kinder dann die Musik wieder gehört und darauf getanzt haben, hatten sowohl sie als auch ich einen tieferen Bezug zur Musik. Am Ende dieses Projektes (es hat ein halbes Jahr gedauert) hatten wir unsere Ohren und unsere Musikalität in der Bewegung durch die Verkörperung der Musik ein Stück mehr geschult. In die Musik einzutauchen, ein Gespür dafür zu entwickeln was passt, sich darin zu finden und zu verlieren, gleichzeitig bewusst und frei damit umzugehen – das ist eine große Herausforderung.

Wir zählen nicht – intuitiver Umgang mit Rhythmus

Sie kennen alle dieses Bild, wenn Menschen tanzen, hoch konzentriert sind und unaufhörlich zählen. Sie bewegen sich, vielleicht sogar technisch gut, aber sie tanzen leider nicht, weil sie nur mit der Zählerei beschäftigt sind. Natürlich hilft es manchmal zu sagen, auf 1 geht es los und auf 4 halten wir an. Nur, wenn kein Gespür für die 1 und für die 4 da ist, wird es schwierig. Das Schlimmste ist, wenn man sich dann verzählt. Wie oft musste ich schon erleben, dass die Welt für manche Kinder unterging, weil sie während einer Aufführung aus dem Zählen rausgekommen waren und nicht mehr hineinfanden. Da sie es leider nicht anders gelernt hatten, half ihnen die Musik auch nicht, denn der Bezug war immer zu diesen blöden Zahlen und nicht zur Musik selbst entwickelt worden. Sie haben sich lange und intensiv auf die Aufführung vorbereitet – und dann passiert so etwas. Das ist für die Kinder eine Katastrophe. Solche Erfahrungen brauchen sie nicht.

Es geht zum Glück auch ganz anders. Schon seit sehr langer Zeit zähle ich nicht mehr in der Tanzstunde. Die Kinder schaffen es trotzdem, den Takt, den Rhythmus und das Tempo zu erkennen. Auch wenn sie erst mal nicht daran gewöhnt sind, werden sie allmählich ein Zeitgefühl durch die Bewegung entwickeln. Das ist eine ganz feine Koordination, die befreit. Dadurch ist es möglich, sich *richtig* auf die Zeit zu bewegen. Synchron zu sein mit einer Gruppe, genau auf die Musik zu sein und gleichzeitig Körper und Geist frei zu haben für die Bilder und Emotionen, die den Tanz qualitativ beeinflussen, das ist ein Glücksgefühl. Wenn gezählt wird, steht zu wenig Raum für den künstlerischen Ausdruck zur Verfügung. Es gibt Kinder, deren Emotionalität sprudelt – egal was passiert, egal wie trocken wir ihnen eine Übung, einen Tanz vermitteln. Sie scheinen sich darüber hinwegzusetzen. Aber nicht alle Kinder haben sofort Fantasie und sind frei und ungehemmt genug, um ihren Gefühlen freien Lauf zu lassen. Besonders dann nicht, wenn sie sich aufs Zählen konzentrieren müssen. Gerade diese Kinder brauchen unsere Unterstützung. Außerdem müssen die Kinder, die eine natürliche Musikalität in der Bewegung haben, weiter gefördert werden, um diese nicht zu verlieren. Auch das wird erschwert, wenn die Arbeit mit ihnen »stumpf« ist.

Ein Beispiel für eine Aufgabe:

> Wir wählen eine Musik im ¾-Takt, langsames Tempo. Die Arme sollen in 4 Takten von unten nach oben im *legato* geführt werden. Anfangsposition: Die Kinder stehen, die Arme sind lang und senkrecht am Körper. Die Hände und

Arme sollen gleichzeitig nach oben geführt werden. Die Wege für die Armführung können bei den einzelnen Kindern sehr unterschiedlich sein.

Ob die Kinder dann zählen, um die Aufgabe auszuführen, oder ob sie das Gefühl für die Zeit entwickeln, macht in der Qualität der Ausführung einen großen Unterschied. Für mich als Lehrperson wäre es noch dazu langweilig, wenn ich zählen würde, 1–23, 2–23, 3–23, 4–23, statt den Kindern Unterstützung für ihren Ausdruck zu geben. Wenn wir allerdings statt zu zählen einen Inhalt vorgeben und diesen rhythmisch phrasieren, ist mit großer Sicherheit sofort ein anderes Ergebnis zu sehen. Durch die Phrasierung bekommt die Übung Emotionalität und Sinn. Vorausgesetzt, die Phrasierung wird entsprechend vermittelt, also mit Überzeugung und Begeisterung für die Aufgabe. Die Stimme kann das Ganze sehr unterstützen und die Qualität und die Musikalität in der Bewegung noch verbessern.

Der Inhalt für die Aufgabe könnte beispielsweise sein:

»Stellt euch vor, eure Hände sind wie kleine Heißluftballons, die wir steigen lassen werden. Sie können von ganz nah am Körper bis weit weg vom Körper hochsteigen«.

Dabei sprechen oder singen wir rhythmisch:

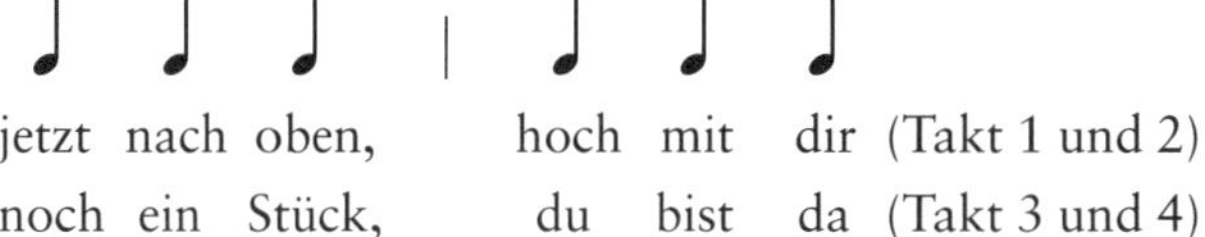

Jedes Wort steht für einen Schlag der vier Dreier. »Oben« wird kurz gesprochen. Ob ich gebunden oder abgehackt singe oder wo ich betone, hängt davon ab, welche Bewegungsqualität ich fördern möchte.

Durch das Singen und gleichzeitige Bewegen bekommen die Kinder Sicherheit und entwickeln ein Zeitgefühl für ihre Bewegungen.

Irgendwann ist es nicht mehr nötig, laut rhythmisch zu erzählen oder zu singen, aber das Gefühl für die Zeit bleibt. Die Bilder und den Inhalt werden die Kinder weiter mit sich tragen, und so schaffen sie es, die Qualität beizubehalten.

Falls Sie immer noch nicht überzeugt sind, weil Sie das Zählen einfacher finden, machen Sie in der Tanzstunde einen Test. Sie geben den Kindern eine kurze Übung, die sie einmal mit Zählen ausführen müssen und einmal mit einer vorgegebenen rhythmischen Phrasierung. Ich bin überzeugt, Sie werden sofort einen Unterschied in der Qualität der Bewegungsausführung sehen.

Tanzimprovisation

Von Franz Kafka stammt das folgende Zitat: »Das Gesetz der Quadrille ist klar, alle Tänzer kennen es, es gilt für alle Zeiten. Aber irgendeine der Zufälligkeiten des Lebens, die nie geschehen dürften, aber immer wieder geschehen, bringt Dich allein zwischen die Reihen. Vielleicht verwirren sich dadurch auch die Reihen selbst, aber das weißt Du nicht. Du weißt nur von Deinem Unglück.« (Franz Kafka, zitiert nach Ränsch-Trill 2004, S. 199) Solchem »Unglück« kann man mit Improvisation entgegenwirken.

»Improvisation findet überall im täglichen Leben statt. Wer improvisieren kann, wird mit unvorhergesehenen Situationen besser fertig.« (Neubauer 2008, S. 155) Wenn jemand gut improvisieren kann, ob im alltäglichen Leben, in der Kunst oder wo auch immer, wird diese Person mit lauter positiven Adjektiven überschüttet: Sie ist schlagfertig, einfallsreich, spontan, kreativ, fantasievoll, klug usw. Wenn jemand z. B. unerwartet Besuch bekommt und aus wenigen Zutaten ein leckeres Abendessen kreiert oder in einer unvorhersehbaren Situation spontan eine gute Rede hält, erntet er Kommentare wie: »Es war toll, das sah nicht nach Improvisation aus.« War das Ergebnis schlecht, dann ist meistens ein abwertender Ton zu hören: »Na ja, das war eben improvisiert.« Diese Etikettierungen kennzeichnen unser Verhältnis zum Begriff Improvisation: Was gut ist, kann nicht improvisiert sein, von Improvisation sollten wir nur nicht zu viel erwarten. Vor Kurzem habe ich Schülerinnen gefragt, die schon lange bei mir tanzen, was sie unter Improvisation verstehen. Eine Schülerin stellte eine Gegenfrage: »Das, was wir hier machen oder einfach das Wort? Also, das was wir hier machen, sieht nicht nach Improvisation aus, was man so normal darunter versteht.« Der Begriff Improvisation ist also belastet, er wird fast immer mit Mangel und Notfall verbunden.

Oft lässt man die Kinder im Tanzunterricht, wenn man nicht

mehr weiter weiß, »einfach mal improvisieren« und sie dürfen tanzen, was und wie sie wollen. Für mich ist das eine pädagogische Bankrotterklärung. Die Kinder und Jugendlichen finden es meistens zunächst nicht schlecht, dass sie machen dürfen, was sie wollen. Es gibt ihnen ein Gefühl von Freiheit. Bald aber wird es ihnen langweilig oder es entstehen Chaos und Unsicherheit, und sie wissen dann nicht mehr, was sie tun können und sollen. Das ist kein Boden für Kreativität und Qualität, sondern es entsteht bei den Kindern das Gefühl der Beliebigkeit, dass es egal sei, was sie tun.

Für mich stellt sich in puncto Improvisation aber die Frage, wann sich Freiheit und Kreativität wirklich treffen. Auf meiner Suche nach einer Antwort, die offenbar nie enden wird, hat sich gezeigt, dass das Setzen von Grenzen die Kreativität fördert. Freiheit durch Klarheit und Bewältigbarkeit. Ich gebe ein »Problem« oder eine Aufgabe vor, stelle eine Frage. Auf der Suche nach Lösungen, nach Antworten ergeben sich am Ende mehr Möglichkeiten als vor Beginn der Suche. Auch finden sich mitunter Möglichkeiten, wo ich keine vermutet habe. Der Prozess der Improvisation ist immer unberechenbar. Durch den Reichtum an möglichen Lösungen werde ich freier. Dazu kommt immer wieder das Erfahren und aber auch Überschreiten neuer Grenzen.

Zur Improvisation brauche ich einen Ausgangspunkt, einen Impuls, eine *Spielidee*, z. B.:

> Die Arme und Oberkörper haben einen Wutausbruch, weil die Füße sich weigern, sich zu bewegen.

Die Aufgabe lautet wie folgt:

> Die Kinder sollen sich einen Platz im Raum suchen, sich dort hinstellen, eine Fußstellung aussuchen und einnehmen. Die Füße müssen bei der Aufgabe durchgängig ganz auf dem Boden sein, als wären sie festgeklebt. Die Arme werden heftig nach außen geschleudert bis zum einem fixen Punkt, wo sie

> die Spannung für kurze Zeit noch halten müssen. Die Arme und Hände sollen immer die maximale Streckung erreichen. Die Kinder können die Arme parallel, symmetrisch oder asymmetrisch sowie in verschiedenen Ebenen und Richtungen bewegen. Der ganze Körper reagiert auf die Bewegung der Arme. Nur die Füße wollen einfach nicht vom Platz weg. Die Bewegung der Arme nach außen soll spannungsvoll und schnell geführt werden. Der Weg zurück zum Körper darf in Zeit und Spannung variiert werden.

Die Kinder haben an sich nur eine Aufgabe: die Bewegung der Arme. Dabei haben sie einige Entscheidungen immer wieder schnell zu treffen. Sie können mit der Richtung, der Zeit und den Optionen für die Arme spielen. Durch die Kombination von Begrenzung und Anregung probieren sie neue Wege, neue Formen aus, sie entdecken neue Möglichkeiten und finden schließlich etwas Eigenes.

Das Schönste an der Improvisation ist, dass es keine festgelegten Lösungen gibt. Die Kinder überraschen einen immer wieder. Durch die Vielfalt von Möglichkeiten und das Bewusstsein, mit dem man diese anwendet, entsteht Freiheit.

Tanz als Spiel

Der Rhythmus ist ein wesentlicher Punkt der Tanzimprovisation. Das Bedürfnis, sich rhythmisch zu bewegen, haben alle Menschen. Wir reagieren spontan auf Rhythmen. Jeder kennt doch solche Momente, wenn Kinder, besonders kleine Kinder, eine Musik hören und einfach drauflostanzen. Sie reagieren intuitiv auf den rhythmischen Input. Diese Intuition tragen wir weiter in uns, auch wenn wir als Erwachsene leider Hemmschwellen entwickeln. Oft reagieren wir unwillkürlich auf einen Rhythmus. Es packt uns und wir müssen uns bewegen, mit dem Kopf wippen, schnipsen oder ähnliches. Dieses natürliche Gefühl für Rhythmus und die Lust sich zu bewegen, die es mit sich bringt, sollten wir nach Kräften fördern, denn sie sind sehr wichtig für die Bewegungsführung, mehr noch: für ein gutes Leben! Allein diese spontane Reaktion auf Rhythmen, die sich in die Bewegung übersetzt, ist schon eine Art Tanzimprovisation. Durch spielerische Tanzideen können wir diese Fähigkeit behalten und das Tänzerische weiter befördern.

Werden die Kinder etwas größer, lassen sie sich umso leichter von verschiedenen Anregungen, Bildern, Themen und Geschichten zu einem spontanen Tanz animieren. Sie lassen ein Bild im Kopf entstehen, greifen eine Idee auf, verspüren einfach ein bestimmtes Gefühl oder es springt aus einer beliebigen Situation ein Funke über und schon haben sie die Motivation, sich zu bewegen, zu tanzen. Das ist wie eine Spielidee, in die sie spontan eintauchen. Das kann nicht jedes Kind. In solchen spontanen Momenten tanzen die Kinder, was sie wollen. Ihre Bewegungen sind jedoch nicht sinnlos! Sie haben sich unbewusst oder bewusst spielerisch eine Aufgabe gestellt. Sie haben ein konkretes Bild vor Augen. Ob das Motiv ein Schmetterling, die Prinzessin oder das Monster ist oder vielleicht sogar eine kleine Geschichte, wird für ihren Tanz entscheidend sein. Kommt jedoch das unvermittelte Kommando: »Tanzt, was und wie ihr wollt«, sind sie aufgefordert zu tanzen, haben aber keine Aufgabe, keine Idee, keine Richtung, wo es hinführen soll. Vielleicht wird das eine oder andere Kind noch etwas Gutes daraus machen können, z. B. eine bestimmte Bewegungsqualität finden, weil es sich vielleicht als Prinzessin fühlt und diese Prinzessin tanzen lässt. Die meisten werden jedoch mit Sicherheit nicht klarkommen und die anderen werden es nicht weiter als eben zu ihrer Prinzessin bringen.

Kreativität wird nicht einfach durch »mach mal was« gefördert. Im alltäglichen Leben ebenso wenig wie im Tanz. Beobachten wir die Kinder genau, machen sie, wenn sie keine neuen Impulse bekommen, doch immer dasselbe. Sie mögen im Laufe der Zeit den Raum zwar mehr in Besitz nehmen, meistens hüpfen sie aber hin und her oder laufen im Kreis, im besten Fall auf die Musik. Es fehlt ihnen jedoch der bewusste Umgang mit dem Raum, und sie haben auch noch kein großes Bewegungsrepertoire. Es gibt selbstverständlich immer Ausnahmekinder, die gut mit ihrer Kreativität umgehen und es schaffen, Muster abzurufen, die sie von irgendwoher kennen. Sie lassen sich für ihren Tanz davon inspirieren. Davon kann ich als Pädagogin nicht ausgehen. Aber auch diese Ausnahmekinder werden davon profitieren, wenn sie angeregt werden. Wenn wir die Kinder, die Begabten und die weniger Begabten, nicht fördern und Angebote machen, durch die sie ihren Horizont erweitern können, werden sie irgendwann stagnieren. Und je größer sie werden, umso weniger trauen sie sich, spielerisch-tänzerisch und fantasievoll mit ihrem Körper umzugehen. Sie verdrängen sogar ihre frühere Fähigkeit, intuitiv und spontan zu tanzen. Wir haben leider nicht viele Möglichkeiten in unserer Gesellschaft, unserer Bewegungsfreude Raum zu geben. Es geht fast alles ohne Bewegung.

Die Improvisation ist eine wunderbare Methode, dem entgegenzuwirken und die Bewegungsfreude von Kindern und Jugendlichen wachsen oder sie diese wiederentdecken zu lassen. Zu Beginn sind manche Kinder und Jugendliche, die keine Erfahrung mit Improvisation haben, gehemmt. Sie fragen sie sich immerzu: Darf ich dies? Darf ich jenes? Wie sieht das denn aus? Bewegen sich tatsächlich alle oder nur ich? Sie brauchen Zeit, um die Angst davor abzubauen, etwas falsch zu machen und sich bloßzustellen. Gerade bei Jugendlichen, die bereits Tanzerfahrung haben, dauert es oft ein Weilchen, bis sie ihrer Spontaneität, ihrem kreativen Potenzial und ihren Entscheidungsfähigkeiten vertrauen können. Diese Zeit sollte man ihnen auch lassen. Sie haben vielleicht in der Technik schon eine Menge gelernt und können gut reproduzieren, aber sie schaffen es anfangs nicht, spontan und kreativ zu sein. Sie sind daran gewöhnt, eine festgelegte Übung zu lernen und diese wiederzugeben. Das ist ihnen bekannt und darin fühlen sie sich wohl. Alles was fremd ist, braucht erst Zeit, um verstanden, angenommen und vertraut zu werden.

In der Improvisation müssen sich die Kinder nicht mit festgelegten Formen und Reihenfolgen auseinandersetzen und können sich ganz auf den Bewegungsausdruck konzentrieren. Tanzen wird zur Entdeckungsreise. Emotionen werden ausgelöst, die Bewegungen bekommen einen Sinn und dadurch wird Qualität geschaffen. Und mit der Zeit wird sich die Erfahrung auf die Technik übertragen. Ob die Kinder Zugang zur Improvisation bekommen, wird stark von der Lehrperson abhängig sein. Es ist erstaunlich zu beobachten, wie tanzerfahrene Kinder und besonders Jugendliche, die keine Improvisationserfahrung haben, ihr tänzerisches Wissen nicht umsetzen können. Sie haben es mit der Improvisation zunächst schwer, denn sie sind es nicht gewohnt, selbstständig und frei mit Raum, Form, Dynamik und Zeit umzugehen oder in eine Rolle einzutauchen. Es fehlt ihnen das Gefühl und das Verständnis für solch eine Aufgabe. Sie fühlen sich im Vorgegebenen sicherer, dort haben sie keine Verantwortung für die Gestaltung. Die festgelegte Übung gibt ihnen das Gefühl von Schutz. Die Improvisation hingegen fordert mehr Beteiligung in der Gestaltung. Die Kinder müssen Risiken eingehen, etwas von sich preisgeben. Sofort tauchen Fragen nach Richtigkeit und Außenwirkung auf. Die Improvisation fordert Mut, und es braucht Zeit, die Eitelkeit hintanzustellen. In die Aufgabe einzutauchen, sie zu verkörpern, auf die Suche zu gehen, ohne den Zwang, unbedingt etwas finden zu müssen, das ist das Ziel. Durch Ein Gefühl dafür, wie Improvisation funktionieren kann, entwickelt man durch Ausprobieren. Dann kann man sich überraschen lassen.

Um ein gewisses Verständnis für diese Situation des Neuen, Unbekannten zu entwickeln, in der sich die Kinder und Jugendlichen befinden, sollte man sich als Lehrperson mit den Fragen, die die Kinder bei diesem Thema beschäftigen könnten, auseinandersetzen:

»Kenne ich die Angst zu versagen,
mich lächerlich zu machen,

die Aufgabe nicht zu verstehen,
nicht schnell genug zu reagieren,
das Falsche zu tun? [...]
Kenne ich die Freude beim Überwinden
von Angst,
das Frohlocken beim Entdecken,
was ich alles kann,
Kenne ich die Neugier zu suchen, was sich hinter
Grenzen verbirgt?
Und:
Gebe ich all dem ausreichend Raum
und Zeit als Lehrende?«

(Frey 2008, S. 103)

Durch Raum, Zeit, Form in der Bewegung und Dynamik einen Weg zur Kreativität finden

Ein kleiner Impuls kann eine Menge auslösen. Eine Aktion, eine Spielidee findet innerhalb von Raum und Zeit statt. Um Raum und Zeit wahrzunehmen, brauchen wir die Bewegung. Jede Bewegung und ihre Veränderung bringt Form ins Spiel. Die Bewegungsqualität wird aber erst durch die Dynamik, die eng mit der Intention der Aktion verbunden ist, klar definiert.

Der *Raum* ist an sich unbeweglich. Durch den Körper und dessen Bewegung wird er aber immer wieder neu definiert und wahrgenommen. Ob nun eine oder mehrere Personen in Aktion sind, es werden fortlaufend neue Räume entstehen. Die Kinder erfahren durch ihre Aktionen und Interaktionen die Mehrdimensionalität des Raumes. Der Raum kann in Körperfront, Bewegungsrichtung, Raumebene, Raumweg, Raumdimension und Raumform verstanden werden:

- Mit der *Körperfront* definieren wir die Ausrichtung des Einzelnen und diejenige innerhalb einer Gruppe, die gleich oder unterschiedlich sein kann. Frontrichtung und Blickrichtung können ebenso übereinstimmen oder sich unterscheiden.
- Bei der *Bewegungsrichtung* – nach oben, nach unten, nach vorne, nach hinten, zur Seite, in die Diagonale – kann der Körper sich sowohl fort- als auch am Platz bewegen.
- Die *Raumebene* bestimmt, in welcher Höhe die Bewegung ausgeführt wird. Dies variiert von ganz tief, liegend, bis ganz oben, etwa als Sprung oder Tragefigur.
- Gerade und kurvige Linien, offen oder geschlossen, definieren den *Raumweg*. Der Raumweg kann entweder für alle TänzerInnen der gleiche oder auch sehr unterschiedlich in seiner Kombination innerhalb der Gruppe sein. Offene Raumwege: Zickzack, Wellen, Spirale u.ä.; geschlossene Raumwege: Oval, Kreis, Quadrat u.ä.
- Die *Raumform* wird durch eine Fortbewegung, wie das Gehen im Kreis, oder durch Gruppenformationen definiert. Die Raumformen können sowohl offen als auch geschlossen sein, sie können eine Form darstellen, etwa einen Halbkreis, eine Reihe usw. oder auch symmetrische und asymmetrische Kombinationen verschiedener Raumformen.
- Die *Raumdimension* wird durch das Öffnen und Schließen definiert. Dies kann durch eine einzelne Person wie auch durch eine Gruppe dargestellt werden. Das Auseinandergehen oder Aufeinander-Zugehen einer Gruppe oder von zwei Tanzenden beispielsweise lässt den Raum weiter oder enger werden. Ein/e Tanzende/r bewegt sich klein und eng oder groß und weit oder abwechselnd klein und groß. Auch das wird den Raum öffnen oder schließen. Ich kann durch eine Person alleine oder eine Gruppe das Geschehen auf einen Punkt im Raum fokussieren oder eben auf eine größere Fläche ausbreiten. Und die Kombination aller anderen eben

genannten Faktoren – Richtungen, Formen, Ebenen – schenkt dem Raum Mehrdimensionalität.

Auch die *Form in der Bewegung* wird durch die Bewegung initiiert und definiert. Jede mögliche Veränderung in der Bewegung bringt eine Formänderung mit sich. Die Formen, die der Körper annehmen kann, werden durch die Bewegung kreiert und modifiziert. Die Form in der Bewegung wird von den anatomischen und mechanischen Möglichkeiten des Körpers bestimmt, vom Zusammenspiel der Gelenke und Muskeln – Beugung, Streckung, Muskelkontraktion und -relaxation – sowie der Stellung der Körperteile zueinander.

Der Umgang mit der *Zeit* wird vor allem durch Tempo und Rhythmus bestimmt.

Das Tempo ist die Geschwindigkeit der Bewegungsausführung. Diese kann man variieren: langsam/schnell, allmählich langsamer/schneller werden oder eine ganz plötzliche Veränderung. Man kann das Tempo der Musik übernehmen wie auch bewusst gegen die Musik arbeiten. Man kann auch ganz ohne Musik tanzen und das Tempo selbst bestimmen.

Der Rhythmus gibt dem Tänzer mittels Dauer, Wiederholung und Pausen die Möglichkeit mit der Bewegung zu spielen. Dies kann u. a. durch Verdoppeln, Halbieren, Verdreifachen oder Punktieren der Notenwerte stattfinden.

Auch das Verhältnis innerhalb einer Gruppe kann sich im Zeitverlauf differenziert darstellen: Die Gruppe kann sich kanonisch oder in einem Frage-Antwort-Spiel bewegen, jede Gruppe oder alle einzelnen TänzerInnen können ein jeweils eigenes Tempo haben usw. Auch die regelmäßige oder unregelmäßige Akzentuierung ist interessant für die Zeitspanne.

Es ist sehr wichtig, sich gut mit Rhythmus, Takt und Tempo in der Musik auszukennen. Nur so kann ich tatsächlich frei – und ohne zwangsweise zu zählen! – mit diesen Faktoren spielen.

Die *Dynamik* bestimmt die Bewegungsqualität. Sie ist essenziell für Charakter und Emotion der Bewegung bzw. des Tanzes. Hier kann definiert werden, ob die Bewegung fließt oder abgehackt ist, wie viel Kraft aufgewendet wird und in welchem Spannungsbogen dies geschieht. Viele Leute verwechseln Dynamik mit Tempo. Für die Dynamik ist das differenzierte Spiel mit der Bewegungsqualität entscheidend, z. B. mit wieviel Kraft eine Bewegung ausgeführt werden soll, um einen bestimmten Typen darzustellen oder eine bestimmte Stimmung entstehen zu lassen. Wie genau kann sich die Ausführung einer Bewegung, die den Ausdruck von Wut hat, von einer, die lässig ist, unterscheiden? Wie kann eine Gruppe, allein durch die Bewegung, eine bedrohliche Stimmung darstellen? Und damit der getanzte Typ oder die Stimmung sich nicht nur in den Köpfen der Tanzenden abspielen, muss die Bewegungsqualität

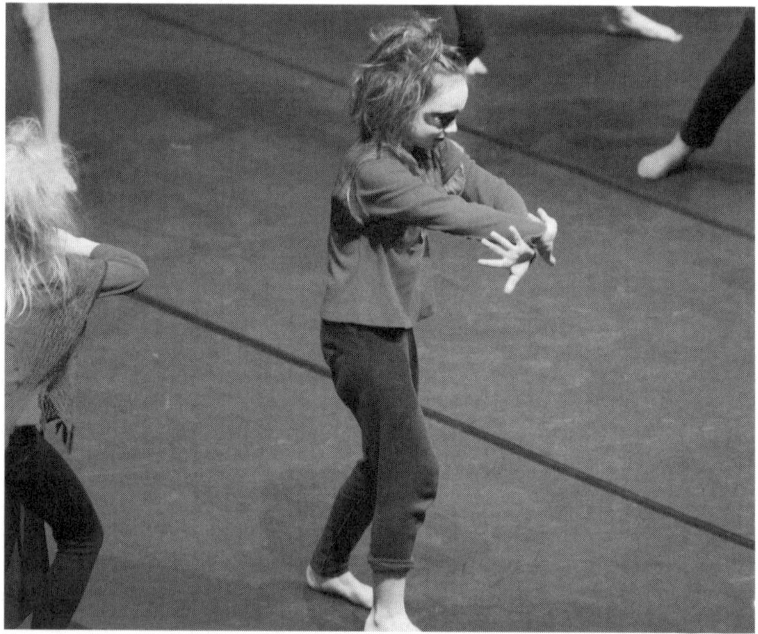

»Draculatanz«. Choreografie von Catharina Gadelha, Aufführung in der Oper Köln 2007

erforscht werden, um die gewünschte Dynamik zu erzeugen. Auch hier kann es allmähliche Veränderungen geben oder plötzliche: von *staccato* zu *legato*, die Spannung kann wachsen oder abnehmen usw. Man kann aber auch die Bewegungsqualitäten kombinieren, z. B. kraftvoll mit *legato*.

Der Inhalt der zu tanzenden Idee ist wesentlich für die Dynamik der Bewegungen. Er wird das innere Gefühl mit dem Körpergefühl verbinden und die Bewegung viel differenzierter und feinfühliger machen.

Das Zusammenspiel von Raum, Zeit, Form in der Bewegung und Dynamik in Verbindung mit einem Inhalt macht das Tanzen aus. Anregungen für eine Tanzübung oder eine Choreografie können sich aus Raum, Zeit, Form in der Bewegung und Dynamik ergeben. Das Zusammenspiel dieser Gestaltungsparameter bringt Klarheit und Sicherheit für die Aufgabe, ob diese festgelegt ist oder frei gestaltet wird – bei Kindern gerade dann, wenn die Aufgabe mit einem Bild, einer Aktion oder Interaktion verbunden sind.

Eine Spielidee und ein Rhythmus – mehrere Aufgaben

Spielidee: Eisentransport für den Bau eines Hauses. Die Eisenstücke müssen alle über mehrere schmale Brücken transportiert werden. Der jeweilige Raumweg definiert die imaginären Brücken. Die Kinder selbst drücken mit ihren Bewegungen die Eisenstücke aus.

Rhythmus: 2/4-Takt

Aufgabe 1

Raum: eine Diagonale; jedes Kind geht die Diagonale einzeln durch; diese bildet die zu überquerende Brücke

Form: Arme wie Beine dürfen entweder nur gebeugt oder nur gestreckt werden

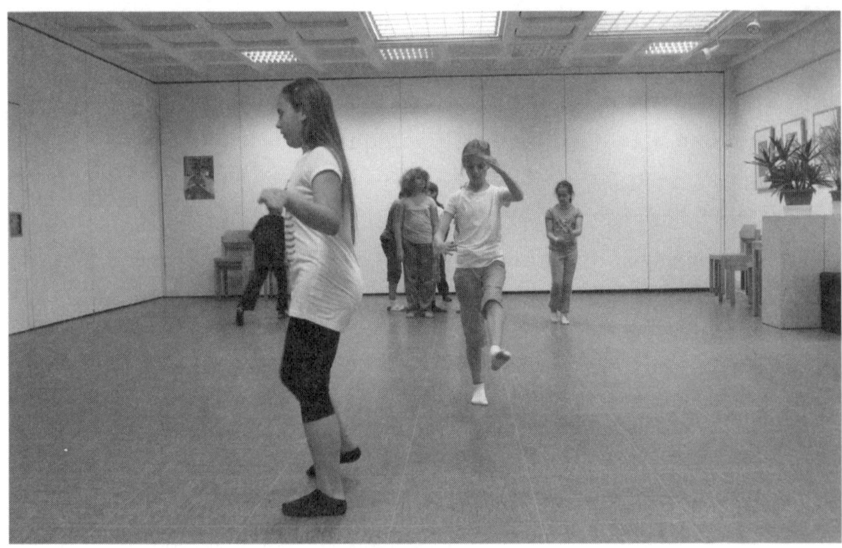

Projektwoche mit Viertklässlern, Duisburg 2011

Zeit: auf jeden Schlag ein Schritt und eine neue Armhaltung (immer mit beiden Armen)

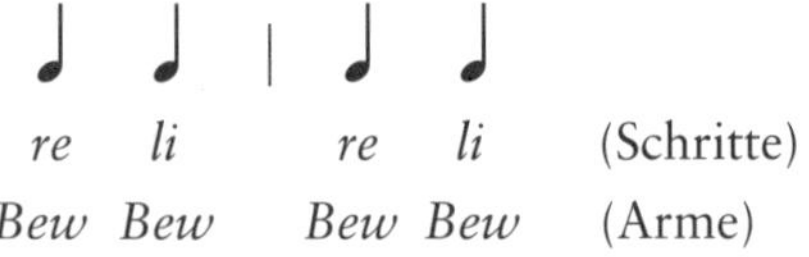

Tempo: langsam
Dynamik: spannungsvoll

Aufgabe 2

Raum: geradlinig mit zwei Richtungswechseln; jedes Kind einzeln
Zwei Beispiele:

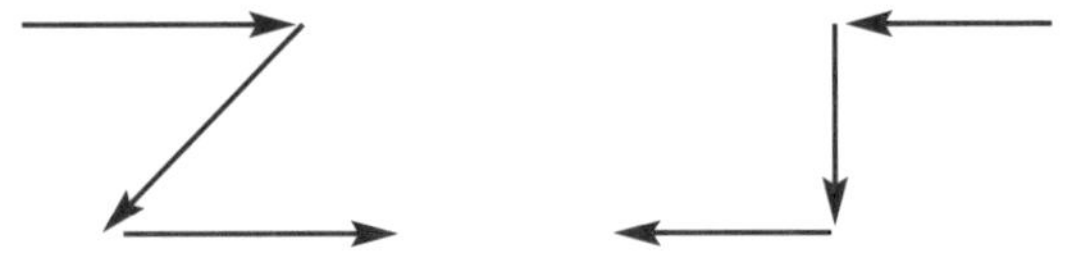

Form: Beine und Arme müssen immer lang sein; bewusste Adduktion und Abduktion der Arme; Darstellung z. B. von Eisenträgern für die Häuser

Zeit: Arme werden immer abwechselnd bewegt, auf 1 eine Bewegung und auf 2 zwei kurze Bewegungen; dabei ununterbrochen schnell gehen

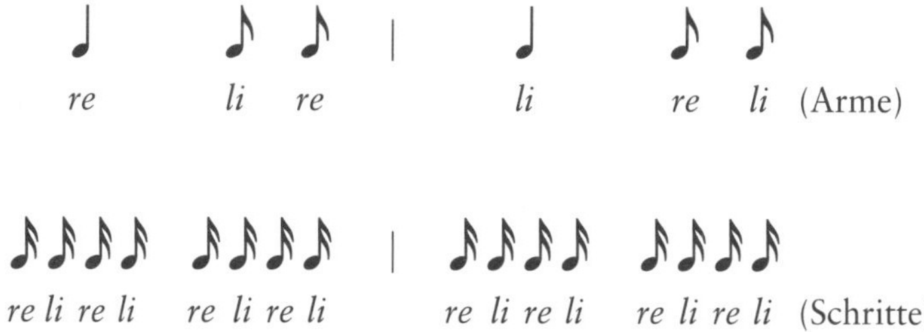

Tempo: moderato

Dynamik: Arme und Beine spannungsvoll

Aufgabe 3 – Partnerarbeit

Raum: geradliniger Raumweg, ohne Richtungswechsel; es wird sich seitlich bewegt in zwei parallelen Linien. Die Frontrichtung darf nur mit einer halben Wendung geändert werden. Diese Brücke ist noch schmaler als die andere, so dass die Kinder sich nur seitlich bewegen können.

Die Kinder sollen den Weg zusammen gehen, keines darf weiter als das andere sein. Sie stehen nie nebeneinander. Entweder stehen sie hintereinander, mit den Vorderseiten zueinander oder mit den Rücken zueinander. Jedes Kind hat seine eigene gerade Linie und darf selbst entscheiden, wann es wendet. Es könnte z. B. das entstehen:

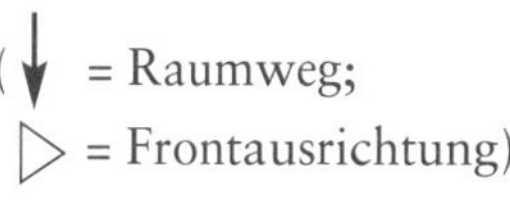

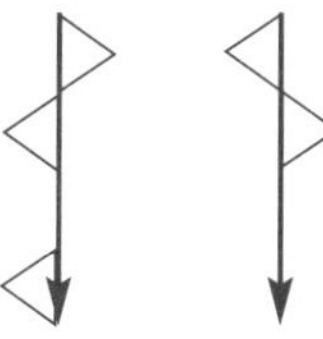

Form: Eines der Kinder darf die Beine beim Gehen sowohl beugen als auch strecken; die Arme bewegt es gleichzeitig, sie dürfen nur gestreckt sein. Das zweite Kind geht mit ausschließlich gestreckten Beinen; die Arme bewegt es gleichzeitig, sie dürfen sowohl gebeugt als auch gestreckt werden.

Zeit: Beide Kinder machen Schritte immer nur auf 1, und die Arme bewegen sich auf 2.

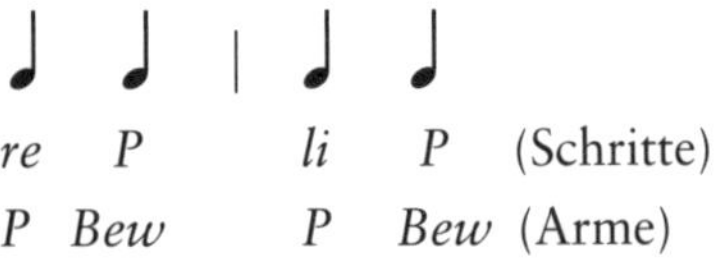

Tempo: moderato
Dynamik: Arme und Beine spannungsvoll

Aufgabe 4 – Partnerarbeit

Bei dieser Aufgabe bekommt die Brücke eine neue Richtung, sie ist nun keine Einbahnstraße mehr. Außerdem macht sie in beide Richtungen eine Kurve nach außen!

Raum: Diagonale mit Kreis

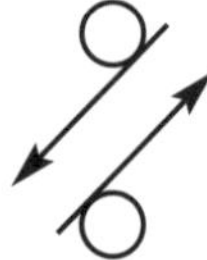

Später kann man mit vier Kindern gleichzeitig sogar eine Brückenkreuzung aufbauen:

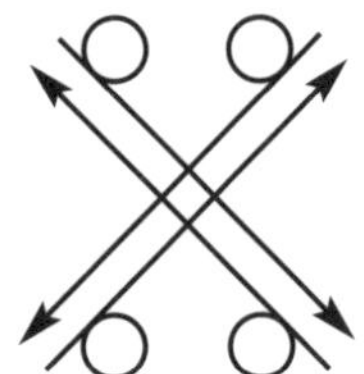

Zu zweit gehen die Kinder auf zwei parallelen Diagonalen aufeinander zu, nach ca. einem Drittel dieser Diagonale gehen sie aus der Diagonale heraus, und zwar im Kreis nach rechts. Wieder auf der eigenen Diagonallinie angekommen, bewegen sie sich weiter auf dieser fort, jedes Kind in seine Richtung. Die Wiederholung folgt mit dem Kreis nach links.

Form: Mindestens ein Bein muss beim Gehen gebeugt sein. Ab und zu dürfen sie ein Bein heben. Die Arme dürfen sowohl gebeugt als auch gestreckt werden.

Zeit: Ein Takt für die Schritte und ein Takt für die Armbewegungen. Im ersten Takt pro Schlag ein Schritt, im zweiten Takt haben die Beine Pause. Die Arme sind im ersten Takt still, im zweiten Takt halbieren wir die Zeit und die Arme werden pro Schlag zweimal kurz nacheinander bewegt.

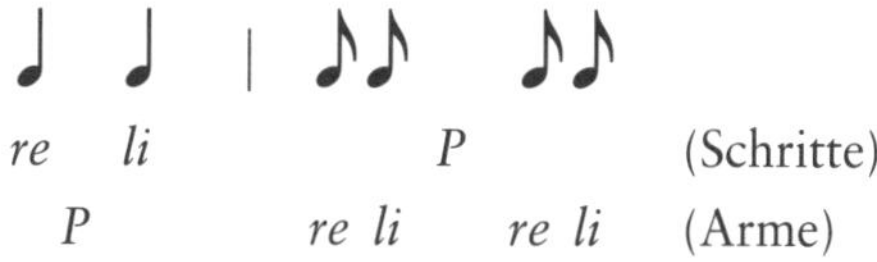

Tempo: schnell
Dynamik: staccato

Eine Idee kann unendlich variiert werden. Damit erfahren die Kinder eben die Vielfältigkeit, die sie für die tänzerische Gestaltung zur Verfügung haben. Durch diese Erfahrung erweitern sie ihr Repertoire und werden dadurch inspiriert und auch immer mutiger, wenn es darauf ankommt, Neues auszuprobieren.

Lassen Sie sich aber Zeit mit den Variationen. In einer Stunde sollten vielleicht zwei Möglichkeiten des »Eisentransports« getanzt werden. Denn irgendwann haben die Kinder – und möglicherweise auch Sie selbst – keine Lust mehr zu noch einem Transport. Wichtig ist, wenn die Übungen wiederholt oder weiterentwickelt werden, die Spielidee zu verdeutlichen bzw. einen spielerischen Grund für den wiederholten oder einen neuen Transport, für die nötige Motivation und die Bewegungsqualität zu geben.

Je bewusster die Kinder mit den Tanzparametern und der Spielidee umgehen, umso mehr können sie es verändern, variieren, sich spielerisch, kreativ und auch präzise bewegen. Das Wollen ist sehr wichtig, um ein Ziel zu erreichen, und das Können wird das Ziel ermöglichen.

Es ist für eine Tanzaufgabe nicht nötig, dass alle Gestaltungsparameter definiert sind. Es ist selbstverständlich möglich, dass eine Aufgabe sich beispielsweise nur mit Raum und Zeit beschäftigt oder nur einen Rhythmus als Ausgangpunkt hat usw.

Eine Improvisationsstunde/-übung zweckmäßig planen

Es steckt für die Kinder eine Menge Lernpotenzial in der Improvisation. Diese braucht zum einen Spontaneität. Sie braucht aber auch einen klaren Plan. Eine gute Vorbereitung ist Voraussetzung für eine gelungene Improvisation – sowohl für das Ergebnis als auch den Prozess selbst.

Die Art und Weise der Vorbereitung hängt natürlich von meinem Vorhaben und meinen Zielen ab. Geht es um eine einzelne Übung oder um eine ganze Stunde? Ist die Aufgabe einzeln, zu zweit oder in der Gruppe zu erledigen? Was für eine Zielgruppe habe ich? Ist die Improvisation wie auch die Technik klar? Wo liegt der Schwerpunkt? Was soll festgelegt werden, was soll frei bleiben?

Meine Checkliste umfasst Folgendes:

- *Bewegungsqualität, Dynamik*
- *Raum*
- *Form in der Bewegung, einzelne Körperteile und/oder ganzer Körper*

- *Rhythmus*
- *Tempo*
- *Spielidee/Bild/Thema*
- *mit oder ohne Musikbegleitung*
- *Einzel-, Partner- oder Gruppenarbeit*

Anhand meines Rahmens entwickle ich die Tanzaufgaben. Habe ich eine Aufgabe, stellt sich für mich die Frage: Kann ich selbst verstehen und nachvollziehen, was ich vorbereitet habe, hat dies für mich einen klaren Sinn? Kann ich die Aufgabe emotional weiter vermitteln, egal wie abstrakt oder konkret sie ist? Habe ich Lust auf diese Aufgabe? Und letztlich hängt eine Menge davon ab, *wie* ich die Tanzaufgabe stelle.

Beispiel für die Entwicklung einer Übung mit Kindern im 5. Schuljahr

Bewegungsqualität, Dynamik: legato

Raum: Erst sollen die Kinder am Platz arbeiten, später bestimmen sie selbst den Raumweg. Die Raumrichtung der Bewegung wird variiert.

Form: langgestreckte Bewegungen, zunächst mit Fokus auf einzelne Körperteile, anschließend ganzkörperlich

Rhythmus: ¾-Takt

Tempo: variiert

Spielidee/Bild/Thema:

Es ist, als ob die Arme einen eigenen Willen haben. Ihr habt keinen Einfluss mehr darauf, wo sie sich hinbewegen. Die Arme überraschen euch, denn sie scheinen ein eigenständiges Leben zu haben. Sie wollen sich so lang wie möglich machen, länger als es eigentlich möglich ist, und nehmen ganz unterschiedliche und oft unerwartete Wege für ihre Streckung.

Die Aufgabe lautet folgendermaßen:

> Die Kinder nehmen eine Sitzposition ein, die sie während der Improvisation behalten müssen. Die Arme sollen in vier Takten einen Weg nach außen suchen und in weiteren vier Takten wieder zurückkommen. Und sie sollen so weit als möglich in die Streckung kommen. Der Oberkörper darf ruhig mitbewegt werden, um die Bewegung des Arms zu unterstützen. Die Arme sollen sich abwechselnd bewegen. Die Bewegung wird immer wieder, sowohl auf dem Hin- wie auf dem Rückweg, von einem neuen Körperteil geführt: mal aus dem Ellenbogen oder Handgelenk, mal aus den Fingerspitzen usw. Die Bewegung kann nach oben, unten, vorne, hinten, zur Seite, diagonal oder von rechts nach links und umgekehrt geführt werden. Dasselbe gilt für den Rückweg, Hauptsache die Arme sind am Ende eng am Körper. Die Bewegungen erfolgen nur in *legato*-Qualität.

Später wird die Aufgabenstellung wie folgt ergänzt:

- beide Arme gleichzeitig bewegen: parallel, symmetrisch und asymmetrisch
- Die Arme dürfen sich unabhängig voneinander bewegen: mal nur einer, mal beide, gleichzeitig oder versetzt.
- Die Kinder dürfen die Sitzposition verlassen und allmählich höher kommen. Allerdings soll dies aus den Impulsen der Armbewegung heraus geschehen. Die Bewegung der Arme wird weiter in den Raum kommen, was dazu führt, dass die Kinder sich hoch oder sogar vom Platz wegbewegen müssen. Allerdings tut der Rest des Körpers dies nicht ohne einen gewissen Widerstand. Am Ende ist dann eine Ganzkörperstreckung zu beobachten. Der ganze Körper wird langgezogen. Spannend wird hierbei sein, wie der Rest des Körpers reagiert, wenn die Arme sich in verschie-

dene Richtungen bewegen, verschiedene Impulse geben. Am Ende ist der ganze Körper im ganzen Raum im Einsatz.

Einige Variationen:

zeitlich
- kürzere oder längere Zeit für die Ausführung der Armbewegung
- Pausen einführen
- frei entscheiden lassen, wann welche Zeitveränderung stattfindet

räumlich
- festgelegter Raumweg, z. B. Zickzack, Kreis usw.
- zu zweit: wenn die eine Person tief am Boden arbeitet, muss die zweite höher arbeiten; spontan und selbstständig wechseln

dynamisch
- Bewegungsausführung in *staccato* oder *legato*
- in der Spannung variieren
- Stimmung variieren (euphorisch, traurig, verliebt, sauer usw.)

An dieser Stelle möchte ich noch einmal betonen, wie wichtig es für die Bewegungsqualität ist, die Spielidee immer wieder herauszukristallisieren bzw. sie auch weiterzuentwickeln, z. B.:

- »Die Arme werden verrückt und ich habe immer weniger Kontrolle!«
- »Eigentlich soll mein Arm still halten, aber schon geht er wieder los!«
- »Hallo?! Beide Armen machen, was sie wollen! Sie wollen sich in ganz unterschiedliche Richtungen bewegen …«

Das Spiel, die Emotionalisierung und das Verkörpern niemals vergessen!

Selbstdisziplin bei den Kindern

Improvisation fördert nicht nur die Kreativität, sondern auch die Selbstdisziplin. Die Kinder müssen sich an bestimmte Regeln halten und eine Aufgabe lösen. Sie sind ständig damit beschäftigt, Entscheidungen zu treffen; damit, nichts zu konstruieren, sondern etwas entstehen zu lassen; sich auf Zufälle und Überraschungen einzulassen; Impulse zu geben und aufzunehmen. Sie müssen für das Geschehen wachsam bleiben und entsprechend agieren und reagieren. Je klarer die Aufgabe ist, umso kreativer und qualitativ besser wird die Improvisation sein. Eine hohe Konzentration wird ein tieferes Eintauchen in die Aufgabe ermöglichen.

Die Kunst des Beobachtens ist für die Improvisation sehr wichtig. Die Erinnerung an Dinge, die wir gesehen, gehört, gespürt, erlebt haben, wird uns sehr unterstützen. Aber auch die Gabe, sich etwas vorzustellen, was gar nicht existiert. Etwas, was wir noch nie gesehen haben, was wir nicht kennen. Lasst der Fantasie freien Lauf!

Improvisation braucht eine Ausgangsidee, ein Thema, ein Bild. Ich biete den Kindern einen Rahmen an und sie gestalten. Der Rahmen wird der Improvisation Form und Struktur geben und dadurch entsteht Klarheit für die Kinder. Die Idee, der Inhalt soll im Körper, in der Bewegungsausführung zu sehen sein und sich nicht nur im Kopf abspielen. Die Gestaltung der Improvisation ist immer einmalig und einzigartig, wenngleich manche Bewegungen und Motive bei der Wiederholung einer Improvisation oder bei einer neuen Aufgabe immer mal wiederkehren.

Nachdem improvisiert wurde, gehen wir kritisch mit dem Erlebnis um. Dabei haben wir nicht die Absicht, in »richtig« oder »falsch« zu kategorisieren. Sondern wir analysieren, ob die gewünschte Qualität erreicht wurde: Wie ehrlich waren die Bewegungen? Ich kann dem Kind gegenüber niemals behaupten: »Deine Bewegungen sind nicht ehrlich.« Das kann nur das Kind selbst reflektieren. Ich kann aber schon sagen: »Ich war nicht ganz überzeugt von dem, was ich gesehen habe«, und ich kann erklären, was mir gefehlt hat. Oft ist das Kind total ehrlich in seinem Tun. Aber vielleicht ist der Ausdruck noch zu sehr in seinem Kopf verhaftet und es hat noch nicht die Übertragung in die Bewegung geschafft. Es braucht eine klare Rückmeldung, um daran arbeiten zu können. Nicht der Endpunkt ist das Wichtigste, sondern der Prozess: Die Auseinandersetzung mit der Bewegung und ihrem Ausdruck.

Es ist kein Widerspruch, dass Fantasie Selbstdisziplin braucht. Indem wir uns an die Aufgabe halten, geduldig und wachsam sind, um der Fantasie Raum zu geben, können wir neue Bewegungsmöglichkeiten entdecken.

Zwischen Technik und Improvisation

Raum für die Improvisation in der Technik

In meinem Unterricht sind die Technikübungen gerade für Kinder und Jugendliche immer mit Improvisation gemischt. In der Technik sind Wiederholungen wichtig, um einen Trainingseffekt zu erreichen. Wiederholung wiederum braucht Motivation. Die Improvisation kann hier nicht nur unterstützen, indem sie die trockene Technik etwas auflockert, sie kann dieser auch einen emotionalen Sinn geben. Mittels Improvisation können wir sofort ein Gefühl fürs Tanzen bekommen. Die Technik allein kann dieses Gefühl nicht geben, aber sie ist notwendig, denn sie bringt Qualität und erweitert die Bewegungsmöglichkeiten. Durch die Improvisation aber können wir kreativer und fantasievoller mit der Technik umgehen.

Beide können sich hervorragend ergänzen. Je präziser ich die Technik beherrsche, umso größere Freiheit habe ich beim Improvisieren, durch mein technisches Können habe ich mehr Möglichkeiten zu experimentieren. Und: Je mehr ich improvisiere, umso mehr Kreativität habe ich im Umgang mit der Technik. Improvisation bringt mehr Emotionalität in die Bewegung, dadurch kann die Technik Ausdruck bekommen. Es hat wenig Sinn, lange ausschließlich an der Technik zu arbeiten und erst irgendwann mal am künstlerischen Element, am Ausdruck. Ich bin überzeugt, es muss von Anfang an gleichzeitig an beidem gearbeitet werden. Ausdruck hängt meiner Meinung nach von der Musikalität in der Bewegung ab.

Beispiel einer Übung

Ziel der Bewegungsqualität: staccato und *legato*

Ziel der Technik: Haltung; Stärkung des Rückens und Schultergürtels

Rhythmus: 4/4-Takt

Bild/Spielidee:

Das Erdmännchen kommt vorsichtig aus seiner Höhle heraus. Es macht sich ganz lang und ist sehr wachsam. Es ist zwar ein kleines Tier, kann sich aber sehr lang machen. Außerdem kann es schnell den Kopf bewegen, um Ausschau zu halten. Es ist sehr aufmerksam und kann jede Gefahr bemerken, denn dort wo die Erdmännchen leben, wimmelt es nur so von Gefahren.

Phrasierung:

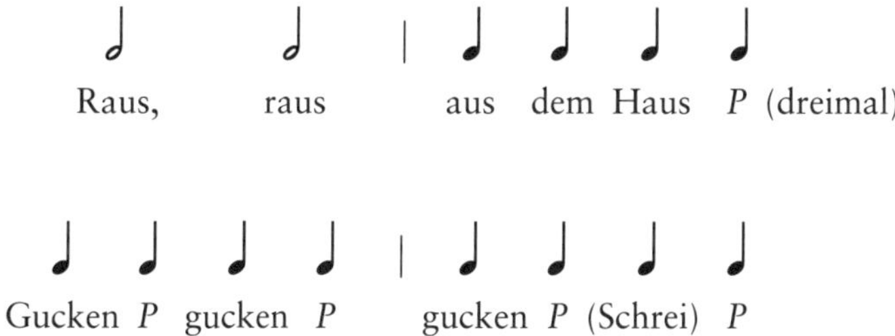

Die Aufgabe lautet folgendermaßen:

»Raus« wird auf zwei Grundschläge ausgehalten, und »gucken« wird kurz auf einen Schlag, immer mit einer Pause dazwischen gesungen. Aus dem Schmetterlingssitz – Oberkörper nach vorn gebeugt, Kopf hängt so tief wie möglich nach unten – strecken die Kinder langsam und gleichmäßig den Rücken nach oben, dabei singen sie dreimal: »Raus, raus aus dem Haus!«

Mit langgestrecktem Rücken oben angekommen, wird beim Sprechen von »gucken – gucken – gucken« der Kopf in *staccato*-Qualität bewegt; die Richtungen der Kopfbewegung bestimmen die Kinder selbst (z. B. rechts – links – hoch oder links – rechts – links usw.). Nach dreimal »gucken« kommt ein kurzer Schrei und der Oberkörper wird mit dem Kopf zusammen schnell (auf den letzten Schlag) nach unten in die Anfangsposition bewegt. Das Erdmännchen versteckt sich wieder.

Das Ganze machen wir in dieser Form dreimal, wir brauchen also für diesen Teil am Boden 24 Takte.

Durch die Phrasierung und die Wiederholungen ist es für die Kinder kein Problem, diesen Teil in derselben Zeit auch zu tanzen. Sie sollen daher beim vierten Mal aufstehen und sich frei im Raum bewegen. Für dieses vierte Mal bekommen sie eine Improvisationsaufgabe:

Nachdem die Erdmännchen sicher sind, dass es gerade ungefährlich ist, kommen sie aus ihrer Höhle heraus. Entweder sie sind mit kleinen und schnelleren Schritten unterwegs oder sie stehen total still und machen dabei lediglich abrupte Kopfbewegungen, um immer wieder nach einer möglichen Gefahr Ausschau zu halten. Die Gefahr kann von überallher kommen. Die Erdmännchen bleiben nicht lange draußen. Und ihre Höhlen haben zum Glück mehrere Ein- und Ausgänge.

Die Kinder sollen spontan entscheiden, welche Raumwege und -richtungen sie gehen und wann und wie lange sie, innerhalb dieser Improvisationsphase, gehen oder stehen. Der Kopf macht, wie im Sitzen, *staccato*-Bewegungen. Wie oft und in welche Richtungen sie die Kopfbewegungen machen, entscheiden die Kinder ebenfalls selbst.

Die Improvisationsphase im Stehen wird nicht mit einer Phrasierung begleitet. Sie dauert acht Takte. Ich unterstütze die Kinder, indem ich beim Spielen der Musik bzw. beim Trommeln den Verlauf der Phase eindeutig nachvollziehbar mache. So wissen sie, wann sie sich wieder hinsetzen müssen, um die Übung von vorne anzufangen.

Die Kinder können die Übung immer woanders neu anfangen.

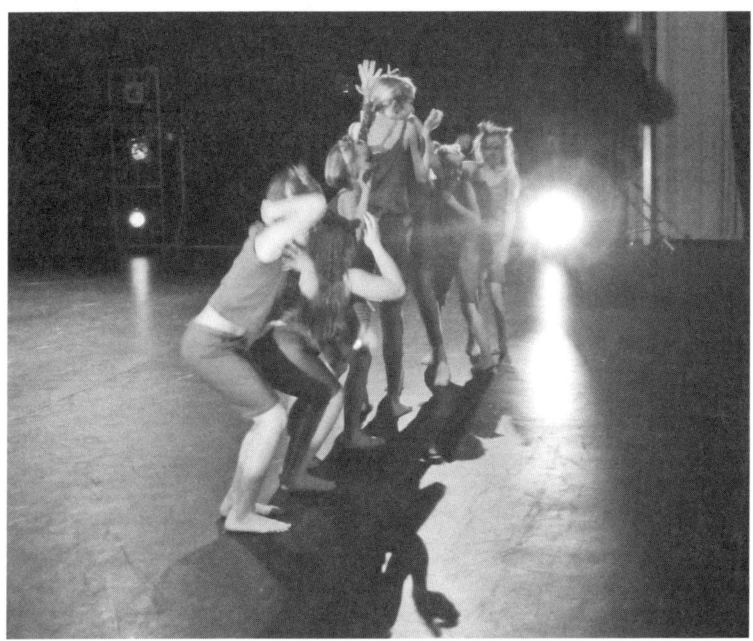

Die Erdmännchen. Aufführung mit Kindern aus dem 2. bis 6. Schuljahr, 2008

Ein Übungsbeispiel für ältere Kinder im 5. und 6. Schuljahr

Schwerpunkt Technik: Beine, Füße und Bauchmuskeln

Bewegungsqualität: Spannung

Anfangsposition: auf dem Rücken liegend, Beine lang und parallel, Füße gestreckt, die Arme liegen seitlich am Körper

Rhythmus: ¾-Takt

1. Takt: das rechte Bein gestreckt anheben (ca. 30 Grad)
2. Takt: den rechten Fuß beugen, also Richtung Körper ziehen
3. Takt: den rechten Fuß strecken
4. Takt: das Bein wieder senken und ablegen
5. Takt: den Kopf vom Boden heben und die Füße anschauen, die sich dabei gleichzeitig beugen

6. Takt: den Schultergürtel leicht vom Boden heben
7. Takt: die Füße strecken
8. Takt: Schultergürtel und Kopf wieder senken und ablegen

Anschließend ist alles zu wiederholen, diesmal mit Hebung des linken Beins.

Auch wenn ich für diese Übung kein konkretes Bild benutze, singe ich rhythmisiert vor:

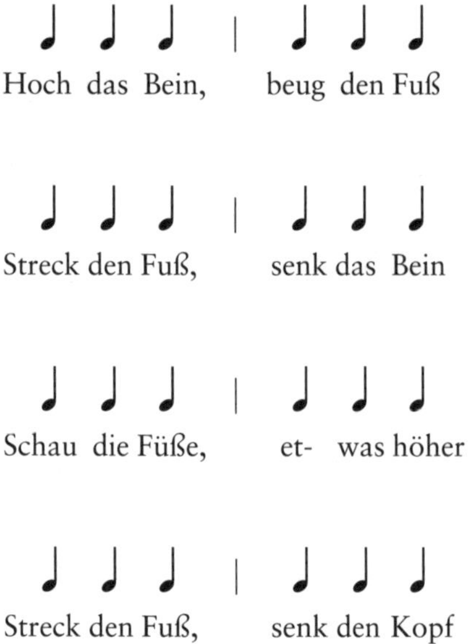

Die Wörter, die zwei Silben haben, werden kurz gesungen. So können die Kinder die Übung musikalisch verstehen und dabei die Reihenfolge besser behalten. Wie ich schon im Kapitel »Musikalität in der Bewegung« erwähnt habe, zähle ich nicht. Auch wenn es hier – von außen betrachtet – »nur« darum geht, Füße und Beine zu strecken oder gerade deswegen: Durch mein Rhythmisieren und den Einsatz meiner Stimme entsteht ein Gefühl, eine Emotionalität, ohne dass ich diese explizit von den Kindern einfordern müsste. Ihre

Bewegungen bekommen eine Qualität, die über das bloße Strecken und Beugen hinausgeht. Ich kann gebunden singen, so dass die Kinder die Übung gebunden ausführen. Oder ich rhythmisiere, indem ich manche Wörter betone, die Bewegung schneller ausführen lasse und entsprechend beispielsweise Pausen einbaue.

Nachdem die Kinder die Übung rechts und links gemacht haben, haben sie 16 Takte Zeit zum Improvisieren. Die Improvisationsaufgabe lautet:

> Jeweils auf 1 müssen sie sich voller Spannung immer wieder neu bewegen. Die Bewegung soll ganzkörperlich sein, abwechselnd zwischen Weite und Enge. Dazu dürfen sie in verschiedenen Ebenen (Tiefe/Höhe) tanzen und sich dabei auf Hände und/oder Füße stützen. Ihren Platz dürfen sie aber nicht verlassen.

Größere Kinder, die es gewohnt sind zu improvisieren, werden sich wahrscheinlich selbst ein für sie passendes Bild suchen. Die Anweisung könnte also einfach sein, dass sie sich jedes Mal extrem lang und dann wieder kurz bzw. klein machen und immer wieder neue Richtungen, besonders für die Beine und Arme finden müssen, die sich genau auf die Musik und in der Zeit bewegen sollen. Für nicht improvisationserfahrene Kinder ist ein vorgegebenes Bild jedoch sehr hilfreich. Es schafft, wie schon gesagt, ganz einfach mehr Emotionalität und damit Ausdruck, zum Beispiel:

> Ihr bewegt euch wie ein starkes Licht, das abwechselnd an- und ausgeht. Wenn es angeht, strahlt es ganz plötzlich sehr hell und gleichzeitig in verschiedene Richtungen; wenn es ausgeht, wird der ganze Strahl zurückgenommen. Das passiert regelmäßig, an – – aus – – an – – aus – – ... eben immer auf 1.

Nach 16 Takten fangen wir die Übung wieder von vorne an. Entsprechend sollen die Kinder sich während der letzten Takte allmählich wieder in die Anfangsposition bewegen, um spätestens auf den letzten Schlag wieder genau so dazuliegen wie am Anfang.

Ich erkläre den Kindern, wo die 1 ist und dass wir für den Improvisationsteil 16 Takte haben und dass jeder Takt drei Schläge hat. Ich singe den Dreier vor und verdeutliche den Rhythmus mit dem Körper, so dass sie genau merken, wo die 1 ist. Was ich auf keinen Fall mache, ist so zu zählen: 1–23, 2–23, 3–23 usw., schon gar nicht, während die Übung läuft oder während ich sie vorgebe. Wenn nötig, hören wir die Musik mehrmals, um das Hören zu schulen. Außerdem dürfen wir als PädagogInnen nie vergessen, dass wir uns in einem Prozess befinden – es wird und es muss nicht alles sofort klappen.

Später kommt je nach Gruppe als Variation und/oder als Zusatz folgende Aufgabe:

> Der Technikteil wird in der Seitenlage gemacht. Wenn die Kinder auf der rechten Seite liegen, liegen sie mit dem Kopf auf dem rechten Arm. Der ist lang, mit der Handfläche auf dem Boden. Die linke Hand stützt auf dem Boden in der Höhe des Brustkorbs. Wenn sie es links üben, wird es seitenverkehrt gemacht.

Für den Improvisationsteil wäre es interessant, ein neues Bild oder eine neue Aufgabe zu gestalten. Zusammen mit der Improvisation ist es für die Kinder viel leichter, die Technik zu wiederholen. Das Ganze ist abwechslungsreicher. Obwohl sie mehr Arbeit haben, denn sie haben nicht nur die Technik zu überwinden, sondern müssen für die Improvisation eine Aufgabe lösen. Sie müssen Entscheidungen treffen und genau mit der musikalischen Einteilung umgehen. Aber da sie freier und kreativer arbeiten können, indem sie selbst gestalten dürfen, sind sie motivierter und dadurch haben sie mehr Ausdauer und erreichen höhere Qualität, sowohl bei der Technik wie auch bei der Improvisation.

Durch die Technik Freiheit für die Improvisation

Die Technik wird mir die Kontrolle über das geben, was mein Körper macht. Je mehr ich über Technik verfüge, umso besser werde ich meinen Körper beherrschen können. Das klingt sehr, nun ja, »technisch« und hart, und das ist es auch, wenn man an dieser Stelle stehenbleibt. Technik kann zur behindernden Festung oder zum großen Schatz werden. Diese Beherrschung der Technik und Kontrolle über den Körper kann zu mehr Freiheit in der Improvisation führen, vorausgesetzt ich lerne, kreativ damit umzugehen. Es geht um eine ausgewogene Mischung von Beherrschen und Loslassen bzw. darum, wie ich es gerne formuliere, die Entspannung in der Spannung zu finden.

Es ist sehr unbefriedigend, wenn jemand zwar sehr kreativ ist, aber nicht weiterkommt in seinem Bewegungsvokabular, weil ihm die Technik fehlt. Es kann zur Stagnation kommen, indem man immer auf die gleichen Bewegungen und Motive zurückgreift, weil die technischen Möglichkeiten eine Repertoireerweiterung nicht erlauben. Die Möglichkeit, dass mein Körper meiner Fantasie folgen oder sie bedienen kann ist nur dann gegeben, wenn ich ihn und seine anatomischen und mechanischen Möglichkeiten kenne und beherrsche. Die Technik gibt mir die Möglichkeit, zu entscheiden, in welchem Ausmaß eine Bewegung stattfinden und wo sie hinführen soll. Ich habe die Chance, neue körperliche Grenzen zu entdecken. Ich bestimme über das, was ich bewege. Ich bestimme wie, wann, in welchem Tempo und wohin ich mich bewege.

Das Stehen – der souveräne Umgang mit dem Gleichgewicht

Um diesen oben beschriebenen Zustand zu erreichen ist das Allerwichtigste, *stehen* zu können, das heißt in unserem Zusammenhang: das Spiel mit dem Gleichgewicht zu beherrschen. Ein kleines Kind muss erst einmal stehen können, um laufen zu lernen. Sobald er laufen kann, ist der Mensch im ständigen unbewussten Prozess des Gleichgewichthaltens. Im Tanz verlasse ich mit jedem Schritt immer wieder bewusst das Stehen, das Gleichgewicht, um es gleich darauf wiederzufinden. Dies ist ein sehr spannender Prozess, denn unsere innere Balance ist stark mit der äußeren Balance verbunden. Mal können wir gut stehen, mal nicht. Ich bin überzeugt, dass unsere körperliche Erfahrung unsere inneren Stimmungen und Zustände beeinflussen kann und anders herum.

Gutes Stehen bzw. ein guter Stand resultiert aus Stabilität, Balance, Haltung, Körperbewusstsein, Raumgefühl, Ausstrahlung. Wenn ein Mensch gut stehen kann, kann er den Raum viel differenzierter wahrnehmen, den inneren und den äußeren Raum. Den Raum in Besitz zu nehmen, ist fundamental für Tänzer, egal wie jung oder alt sie sind. Je mehr das Stehen perfektioniert wird, umso mehr Bewegungsfähigkeiten können die Menschen entwickeln. Sie können mehr Einfluss auf das Tanzgeschehen nehmen. Ich habe viele Bilder für das Stehen. Eins davon habe ich aus einem Urlaub in meinem Heimatland Brasilien mitgebracht: Ich war mit meiner kleinen Familie und Freunden auf einer Insel, die kaum bewohnt war. Wir saßen am Strand, als einige Männer einen riesigen Baumstamm ins Wasser bewegten. Sie wollten ihn senkrecht im Meer fixieren. Sie hatten über seine ganze Länge Seile befestigt und zogen ihn daran gleichmäßig in verschiedene gegenläufige Richtungen. Das Bild zeigt mir eine Hauptlinie, den Baumstamm, die Oben und Unten verbindet und gleichzeitig den Mittelpunkt vertikal auseinanderzieht. Dazu mehrere anderen Linien, die Seile, die mit Spannung nach außen ziehen, um den Stamm im Gleichgewicht zu halten.

Wenn wir das Bild auf uns als Menschen übertragen, dürfen wir nicht vergessen, dass wir zwar eine Verbindung zum Boden, zur Erde haben, aber wir uns – anders als der Baumstamm im Wasser – auch fortbewegen wollen. Das, was die Männer gemacht haben, feinfühlig die Seile hin und her zu ziehen, um den Stamm im Gleichgewicht zu halten, bis er fixiert ist, ist genau das, was wir im Tanz machen – und zwar ununterbrochen und immer wieder neu–, um mit dem Gleichgewicht zu spielen, um es nicht zu verlieren. Die Seile, die uns gleichmäßig in alle Richtungen ziehen, sind imaginär, sie entsprechen all unseren Bewegungsrichtungen. Dabei entsteht u.a. der Bezug zum Raum in all seinen Dimensionen. Irgendwann wird es immer einfacher, die Bewegungen um unsere Körpermitte, quasi unseren »persönlichen« Baumstamm, größer und freier zu gestalten. Das Ziel ist, dieses erst mal statische Bild immer mehr in Bewegung zu bringen, ohne das Prinzip von Stabilität, Kraft und Spannung zu verlieren. Dadurch finden wir die Entspannung, die in der Spannung notwendig ist. Die ganze Energie und Kraft trifft sich im Zentrum des Körpers, der sich überall im und durch den Raum bewegt, ohne die Verbindung zur Mitte zu verlieren. Mit der Zeit werde ich in der Lage sein, in den schwierigsten Haltungen problemlos mit dem Gleichgewicht zu spielen.

Vielleicht fragen Sie sich, was denn mit den Menschen ist, die Behinderungen haben und gar nicht stehen können? – Das »Stehen« ist in diesem Zusammenhang nicht nur im Sinne von »auf den Beinen sein« zu betrachten, mein Verständnis von »Stehen« ist weiter gefasst. Es geht, wie oben schon gesagt, immer und bei allen Menschen, ob mit oder ohne körperliche Besonderheiten, in erster Linie um Stabilität, Balance, Haltung, Körperbewusstsein, Raumgefühl und Ausstrahlung. Im Fall eines Handicaps wird es eine Verlagerung der Basis geben. Wenn ein Mensch z.B. im Rollstuhl sitzt, hat auch er einen Mittelpunkt und eine Verbindung nach unten und nach oben sowie zu dem ganzen Raum in all seinen Dimensionen. Das Bild vom Baumstamm ist hier genauso gültig.

Wenn ich mit Kindern und Jugendlichen arbeite, ist ein guter Stand eines meiner Hauptziele. Dies wurde mir als Notwendigkeit bewusst, je mehr ich Erwachsene, Jugendliche und Kinder unterrichtet habe. Vor allem ist es interessant zu beobachten, was für Schwächen sich im Allgemeinen bei den Erwachsenen zeigen, um dann umso gezielter mit Kindern und Jugendlichen zu arbeiten. Die größte Schwierigkeit, die die Erwachsenen haben, ist es eben, das Gleichgewicht zu halten, stehen zu können. Das ist ein ständiges Thema für sie in der Tanzstunde. Diese Schwäche hindert sie daran, Tanzabläufe hinzubekommen, und das kann sehr frustrierend sein. Es bringt sie aus dem Rhythmus und sie hängen der Bewegungsfolge hinterher. Jeder von uns kennt dieses Gefühl, das Gleichgewicht zu verlieren, man kann sich auf nichts anderes konzentrieren, als darauf, es wieder zu finden. Es muss also genau auf dieses Thema in der Arbeit mit Kindern und Jugendlichen besonderer Wert gelegt werden.

Das Spiel mit dem Gleichgewicht ist im Tanz stets präsent. Meine Basis muss so belastet sein, dass ich ein gutes Gespür für meinen Körper habe und das Gewicht problemlos von einer in die nächste Bewegung verlagern kann. Von einem Fuß auf den anderen, springen und gut landen, laufen und plötzlich anhalten, drehen, rollen, Balance halten usw. Ein mehrdimensionales Gefühl für den Körper im Raum zu entwickeln ist Voraussetzung für den Tanz. Nicht nur frontal denken (also alles, was vor mir passiert), sondern auch ein Gefühl für Rück, Seite, Oben, Unten, Diagonale entwickeln. Die Verbindung der verschiedenen Dimensionen miteinander, sie alle gleichzeitig zu realisieren, das ist die Herausforderung. Der Körper muss in voller Bereitschaft sein, das Gleichgewicht zu verlieren und es gleich wieder zu gewinnen – als bewusster Akt. Die eigene Achse zu spüren und mit ihr zu spielen ist neben anderem die Kunst des Tanzes. Eine innere und äußere Einstellung. Ich bin überzeugt davon, dass gerade die Mischung von Technik und Improvisation eine gute Methode ist, um das Stehen zu entwickeln, denn die Improvisation lässt zu, dass die Technik sich in Verbindung mit Emotionalität von statisch zu dynamisch entwickelt. Die Emotion ist ein wesentlicher Aspekt für das Stehen. Wenn die Kinder gut stehen können, dann ist die Tür für alles andere geöffnet.

Ein Übungsbeispiel für das Stehen

Die Spielidee:

Laternen – überall hinleuchten

Der Kopf leuchtet als Ganzes von innen nach außen sehr stark. Vor allem nach oben. Wir stehen und haben die Füße eng nebeneinander. Der Körper ist ganz lang gestreckt, denn die Laternen sind mindestens drei Meter hoch. Diese Laternen haben außerdem noch zwei andere Leuchter: die Hände. Und diese Leuchter sind beweglich. Durch Arm- und Handbewegungen können sie überallhin leuchten. Die Hände öffnen und schließen sich, je nachdem, ob die Leuchter an oder aus sind. Von einem Platz zum anderen bewegen sich die Laternen, denn wir wollen überall Licht hinbringen. An einem neuen Platz angekommen, müssen die Kinder die Laterne installieren, dafür müssen sie sehr genau auf ihren Stand achten: Füße zusammen und die Laterne so lang wie möglich machen. Sie leuchten eine Weile, dann bauen sie wieder ab und gehen woanders leuchten.

Die Aufgabe lautet wie folgt:

Nur die Arme und Hände dürfen sich jedes Mal in verschiedene Richtungen bewegen, um zu leuchten. Die Kinder gehen, wenn sie sich einen neuen Platz suchen, in einem Dreierschritt, bei dem der erste Schritt etwas größer ist als die beiden folgenden. Der Raumweg und die Richtung werden von den Kindern spontan immer neu bestimmt. Wie lange sie gehen, ist festgelegt. Nachdem sie an den neuen Platz gekommen sind, wird die Laterne installiert. Dabei heben sich die Arme und platzieren die Hände, die zwei Leuchter, wo sie wollen. Die Arme sind wie Schläuche, die die Hände in Bewegung bringen. Frei sowohl mit der Musik wie mit der Richtung können die Kinder das Leuchten gestalten. Arme und Hände müssen nicht synchron sein. Wichtig ist, rechtzeitig zum Abbauen bereit zu sein, um wieder von vorne anzufangen.

Jede Phase wird musikalisch festgelegt.
Rhythmus: ¾-Takt
Phrasierung:

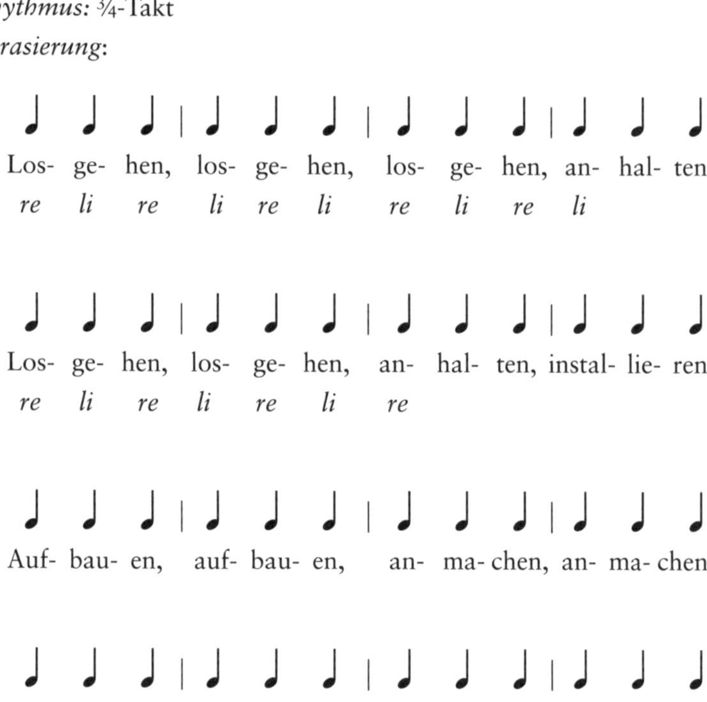

Was ist wann zu tun:

»Losgehen«: im Dreierschritt gehen

»Anhalten«: im Ausfallschritt stehenbleiben

»Installieren«: die Füße zusammenbringen und gerade stehen

»Aufbauen«: die Arme langsam hochheben

»Anmachen«: die Hände nacheinander öffnen (die Leuchter werden eingeschaltet)

»Leuchten und leuchten«: die Hände bewegen sich als Leuchter

»Abbauen«: die Hände werden zugemacht und die Arme gesenkt (die Leuchter gehen aus)

Einige Variationen:

1. Statt beim Installieren der Laterne auf beiden Füßen zu stehen, kann ein Fuß ganz auf dem Boden sein und der andere auf dem Ballen. Es darf jedes Mal eine neue Fußstellung sein.
2. Bei »Instal-lie-ren« wird ein Sprung gemacht und dabei wird die Laterne aufgebaut.
3. Bei »Los-ge-hen« wird mit großen Schritten in eine leichte Kniebeuge gegangen. Auf den letzten Schlag des Dreiers, also auf »hen«, wird der Schritt bzw. die Beuge dann noch etwas tiefer gemacht.
4. Die Phrasierung wird weggelassen. Die Kinder entscheiden was sie, wann und wie lange machen. Das Bewegungsmaterial bleibt. Sie improvisieren, indem sie sowohl mit dem Dreier wie mit der Reihenfolge frei spielen.
5. Zur 4. Variation können die Kinder mit dem Charakter der Laterne spielen, beispielsweise:
   - Die Laterne ist arrogant und übertreibt in ihrer Spannung und Streckung.
   - Die Laterne ist ruhig und sanft, sie bewegt sich langsam und hat eine leichte Spannung.
   - Die Laterne ist hektisch, sie bewegt sich in *staccato* und schnell.

Mit den Kindern improvisieren

Um mit den Kindern zu improvisieren, müssen wir bereit sein, in ihre Welt einzutauchen. Es ist einfach wunderbar, diese Welt wiederzuentdecken, vielleicht auch mal ein bisschen verrückt zu sein und das Gefühl zu haben, fast alles machen zu dürfen.

Im Tanzunterricht muss nicht immer »echte« Logik in den Ideen herrschen. Was logisch ist, bestimmen wir selber immer wieder neu. Wenn wir die Kinder beim Spielen beobachten, können wir sehen, wie sie ihre eigene Logik entwickeln. Von einer Sekunde auf die andere ändert sich die Stimmung, der Ort, sie sterben und werden kurz danach wieder lebendig. Sie sind das Gute und das Böse. Sie haben außergewöhnliche Kräfte. Sie zerstören und sie retten die Welt. Das alles und viel mehr können auch wir Erwachsene, und zwar mit der gleichen Ernsthaftigkeit wie die Kinder.

Meine Themen mit Ernsthaftigkeit zu behandeln, ist mir sehr wichtig. Es ist kein »Kinderkram«, wie die Arbeit mit Kindern oft abgewertet wird. Es sind ernste Kinder-Tanzspiele. Für die Entwicklung der Kinder, ihre Persönlichkeit, ihren Charakter und ihr Körperbewusstsein, können diese Tanzspiele eine große und wichtige Rolle spielen. Und so sollten sie für uns PädagogInnen, die wir Kinder unterrichten, mindestens genauso wichtig sein. Wir müssen allerdings bereit sein, uns auf dem Boden zu wälzen, abstruse und skurrile Bewegungen zu machen, auch mal zu »sterben« und uns in gefährliche Abenteuer zu begeben, ebenso für die sogenannten »schönen Bewegungen« einer Blume, eines Schmetterlings, einer Prinzessin, eines Prinzen. Kann ein Monster schön sein? Und ob!

Die Arbeit mit Kindern hat mein Leben stark geprägt. Ob in meinem Privatleben als Mutter und Frau oder im künstlerischen Bereich als Tänzerin und Choreografin oder Tanzpädagogin: Ich bin besonders durch die Improvisation mit Kindern reifer und offener geworden.

Beispiele von Übungen

1. Übung

Die folgende Übung habe ich mit Kindern aus dem 2. bis 6. Schuljahr gemacht. Sie diente der Vorbereitung einer Choreografie für ein Tanzprojekt, in dem diese Kinder zusammen getanzt haben.

Raum: Diagonale, Richtungen und Wege sowie Enge und Weite variieren

Dynamik: legato und *staccato*

Form in der Bewegung: besonders Ein- und Ausdrehung der Arme und Hände, das Auf- und Zumachen der Hände sowie Strecken und Beugen der Finger

Rhythmus: 2/4-Takt

Tempo: langsam

Spielidee:

Wir befinden uns in einem wunderbaren Palastgarten. Wir sind zum ersten Mal dort und haben das Gefühl, verzaubert zu sein. Dort gibt es Blumen, die wir uns im Leben nicht vorstellen können. Alle mögliche Farben und Formen, sehr kleine bis riesig große Blumen. Wenn man durch den Garten geht, blühen sie auf. Dabei haben wir das Gefühl, sie sind in uns und wir sind sie. Sie blühen überall, mal ganz unten am Fuß, mal oben über dem Kopf, mal ganz nah am Bauch, am Gesicht, am Rücken, mal weit weg von unserem Körper. Unglaublich!

Phrasierung:

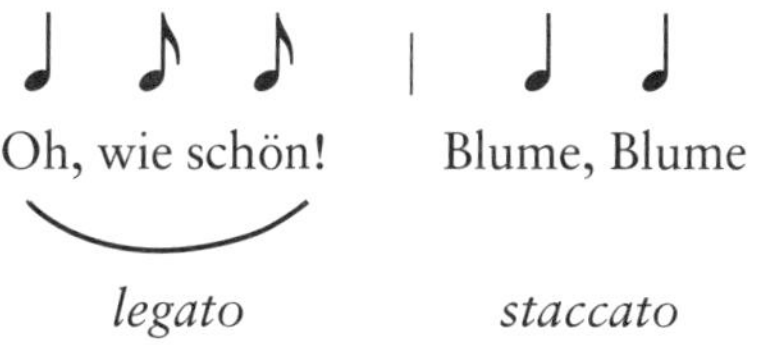

Bei »Oh, wie schön!« machen die Kinder zügig drei Schritte (jeden Schritt auf ein Wort) und halten mit dem letzten Schritt an. Das Gewicht bleibt auf dem Fuß, der den letzten Schritt gemacht hat. Da wir immer drei Schritte haben, wird es abwechselnd mal der rechte und mal der linke Fuß sein, der wieder neu beginnt. Die Richtung, in die sie gehen, wählen die Kinder selbst.

Bei »Blume, Blume« halten sie die Position, und die Hände bewegen sich plötzlich abwechselnd in verschiedene Richtungen und öffnen sich als Blüten. Dabei können die Handflächen sich mal nach oben, mal nach unten oder zur Seite, nach innen, mal diagonal usw. richten. Auch die Handgelenke dürfen sich beugen und strecken. Die Übung kann unzählige Male mit Raumvariationen wiederholt werden.

2. Übung

Bewegungsqualität: legato/staccato

Raum: erst am Platz, dann frei im Raum

Rhythmus: 4/4-Takt

Tempo: erst langsam, später variiert

Form in der Bewegung: Wellenbewegungen am Oberkörper und differenziertes Zusammenballen und Strecken der Hände

Spielidee:

Tante Elfriede hat einen riesigen Balkon. Eine ihrer Lieblingsbeschäftigungen ist es, fleischfressende Pflanzen zu züchten. Sie fressen alle möglichen Insekten. Sie haben einen ganz besonderen Duft, den die Insekten scheinbar mögen. Und wenn man genau hinhört, glaubt man, sie sängen flüsternd:

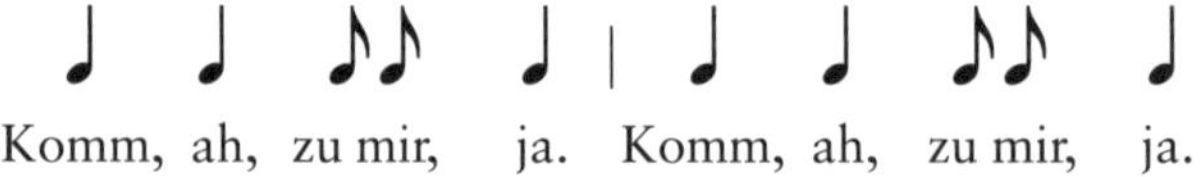

Komm, ah, zu mir, ja. Komm, ah, zu mir, ja.

Bei »zu mir« wird ein Grundschlag halbiert und die zwei Wörter kurz gesungen, wie oben bei »wie schön« aus der Blumenübung.

Die Aufgabe im ersten Teil lautet wie folgt:

> Die Kinder sollen der Blüte ihrer Pflanze mit beiden Händen eine Form geben. Die Blüten können rund, lang, gekringelt, symmetrisch, asymmetrisch usw. sein – ich frage die Kinder, ob sie wissen, was die Begriffe symmetrisch und asymmetrisch bedeuten, und erkläre sie falls nötig. Der aus den Armen geformte Stiel der Pflanze ist beweglich. Er kann sie überallhin führen: vor unseren Körper, neben den Kopf, hinter uns, bis ganz unten wie auch bis ganz oben, dort wo er Platz findet. Denn die Pflanze will überall nach Insekten Ausschau halten. Sie ist hungrig! Beim ersten Teil – »Komm, ah, zu mir, ja« – sollen die Kinder mit kleinen Schritten laufen; bei »zu mir« allerdings müssen sie total stillhalten, danach direkt weiterlaufen. Während der kompletten Phrase bewegt sich der Blumenstiel fließend und hilft der Blüte auf ihrer Suche. Auch bei »zu mir« wird die Blüte gestaltet und hält, wo sie sich gerade befindet, an. Wenn sie Glück hat, schnappt sie ein Insekt.

Ich lasse die Kinder erst diesen Teil ein paar Mal tanzen, dann führe ich den zweiten Teil ein:

> Wenn die Pflanzen ein Insekt geschnappt haben, schlucken sie es hinunter und verdauen.

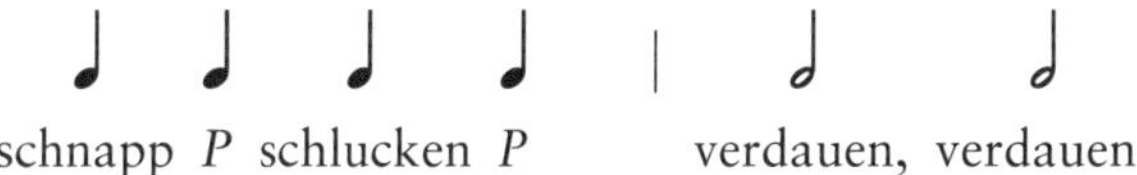

schnapp *P* schlucken *P* verdauen, verdauen

»Schnapp« und »schlucken« werden kurz und schnell gesprochen mit einer Pause (*P*) dazwischen, »verdauen« wird langsam und gebunden gesungen.

Die Aufgabe im zweiten Teil lautet wie folgt:

> Im zweiten Teil wird bei »schnapp« die Blüte, wo auch immer sich die Hände gerade befinden, ganz eng gemacht, damit das Insekt keine Chance hat, sich zu befreien. Bei »schlucken« soll der ganze Körper eine kurze Wellenbewegung – im *staccato* – machen, bei der die Kinder sich vorstellen, das Insekt ganz tief in sich hineinzubringen. Bei »verdauen, verdauen« sollen sie längere Wellenbewegungen – im *legato* – mit dem ganzen Körper machen, am stärksten jedoch mit dem Oberkörper.

Wenn die Kinder beide Teile zusammen getanzt haben, können wir variieren, indem sie selbst bestimmen, ob sie schnell oder langsam und wie lange sie laufen, auch wann und wie lange sie anhalten und wie oft sie ein Insekt schnappen. Dabei singen wir nicht mehr, denn jedes Kind wird jetzt ein eigenes Tempo für sich finden, das heißt, frei mit der Zeit umgehen.

3. Übung

Diese Tanzaufgabe ist geeignet für Kinder und Jugendliche, die Erfahrung mit Tanzimprovisation haben.
Raum: erst am Platz, dann ein festgelegter Raumweg
Rhythmus: 4/4-Takt
Dynamik: Spannung und Entspannung
Bewegungsentwicklung: zuerst auf einzelnen Körperteilen, anschließend ganzkörperlich
Spielidee: laut und leise tanzen

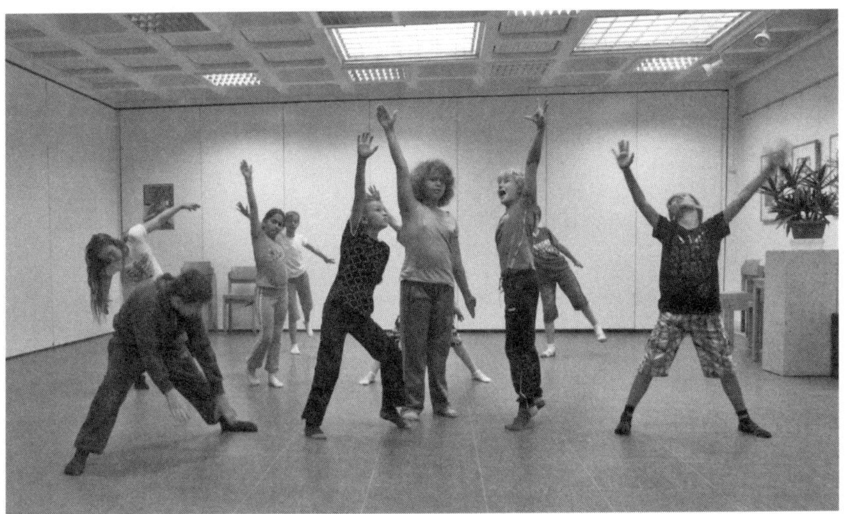

Projektwoche mit Viertklässlern, Duisburg 2011

In diesem Fall gebe ich den Kindern und Jugendlichen kein Bild vor. Stattdessen stelle ich Fragen, und sie schaffen ihre eigenen Bilder. Außerdem sollen sie mit der Zeit frei experimentieren.

Die Aufgabenstellung:

> Ich frage die Kinder, ob sie mir eine Hand zeigen können, die sich so bewegt, dass man glauben könnte, sie schreit? Prompt zeigen sie mir Bewegungsinterpretationen dafür. Dies übertragen wir nach und nach auf andere Körperteile und schließlich den ganzen Körper. Die Besonderheit ist: Obwohl der Körper oder Teile davon beim Tanzen schreien, hört man absolut nichts. Man sieht es nur. Wir können entweder musikalisch festhalten, wann »geschrien« und wie lange der »Schrei« angehalten wird, oder wir lassen die Kinder selbst bestimmen, wann und wie lange sie körperlich schreien, je nachdem was für Ziele wir bei dieser Übung haben. Wir üben erst am Platz, dann wird ein Raumweg vorgegeben.

Falls die Kinder einen festgelegten Raumweg gehen sollen, allerdings die Zeit immer noch frei gestalten dürfen, ist es wichtig zu klären, ob sie sich einander anpassen müssen, ob sie einander überholen dürfen usw.

Anschließend wird die Übung wiederholt:

> Jetzt sollen zuerst einzelne Körperteile, dann der ganze Körper flüstern. Auch hier werden die Kinder uns sofort die Bewegungsqualität und Formen bringen, die aus ihrer Sicht dem Flüstern entsprechen.

Haben wir das Laut- und das Leisetanzen jeweils allein improvisiert, können wir beide Bewegungsaufgaben zusammenbringen. Eine Möglichkeit wäre, dass die Kinder zu zweit arbeiten. Ein Kind tanzt laut und das anderen eben leise. Man kann sich eine Art Auseinandersetzung vorstellen, bei der eine Person sehr aufgebracht ist und die andere Person totale Ruhe ausstrahlt. Sie können sich gleichzeitig bewegen oder abwechselnd. Wenn es abwechselnd sein soll, muss für die Kinder klar sein, ob sie festgelegte Zeiten dafür haben oder nicht. Sie können aufeinander reagieren und, wie bei einem Dialog üblich, mal wenig, mal viel »sprechen«. Dazu ist es wichtig, genau zu klären, was das Kind macht, das gerade »zuhört«. Vielleicht sollten die Kinder, nachdem sie mit ihrem Teil fertig sind, die letzte Bewegung halten (einfrieren), bis sie wieder dran sind. Hauptsache, es herrscht Klarheit für alle.

Bei dieser Improvisation müssen wir darauf achten, dass die Kinder nicht glauben, dass laut immer schnell und leise langsam sein muss. Das kommt oft vor. Wir können sowohl langsam als auch schnell bei laut und ebenso bei leise sein. Das sollten sie unbedingt erfahren. Der Ausdruck hängt nicht vom Tempo ab, sondern die Bewegungsqualität ist ausschlaggebend.

Unterrichtsdramaturgie

Bei der Dramaturgie einer Tanzstunde geht es mir mehr um die Frage, *wie* ich etwas mache als darum, *was* ich mache. Das Was ist mein Drehbuch: Woran wird in der Stunde gearbeitet, welchen Inhalt, welchen Schwerpunkt haben wir, welche Übungen nehmen wir? Die Art und Weise, wie die Tanzstunde aufgebaut und ausgeführt wird, die Unterrichtsdramaturgie also, muss für die Kinder und nicht zuletzt für uns PädagogInnen Sinn ergeben, und noch dazu sollte sie interessant und spannend sein. Um einen Spannungsbogen zu schaffen, versuche ich solche Themen – ob konkret oder abstrakt – zu wählen, die bei den Kindern eine Identifikation und dadurch eine emotionale Reaktion hervorrufen. Die Identifikation fängt selbstverständlich bei mir als Lehr- oder Leitungsperson an. Ich muss Überzeugung, Lust, Freude, Sicherheit und Begeisterung ausstrahlen. Ich sollte all das am besten wirklich in mir haben und nicht nur so tun als ob. Deswegen versuche ich, Themen auszusuchen und zu behandeln, die mich selbst packen. Dann weiß ich, dass eine große Chance besteht, auch die Kinder damit zu begeistern.

Für mich ist der Verlauf einer Tanzstunde mit dem Spielen eines Bandoneons vergleichbar, das mal auf- und mal zugemacht wird und bei dem durch die Bedienung von Knöpfen verschiedene Töne erzeugt werden. Das Bild von Auf- und Zumachen schafft Räumlichkeit. Zu wissen, zu spüren, wann öffnen und wann verengen wir den Raum, und wie weit öffnen oder verengen wir ihn. Es wird mal lauter, mal leiser oder es herrscht totale Stille. Mal erhöhen wir das Tempo oder die Dynamik und mal nehmen wir sie wieder zurück. Es kann einen plötzlichen oder einen allmählichen Wechsel geben. Mit diesen Möglichkeiten können wir einen Spannungsbogen schaffen.

Die zeitliche und räumliche Ausdehnung der Geschehnisse schenkt der Stunde zusätzliche Dimensionen und beeinflusst ihren Rhythmus. Vom Rhythmus ist in hohem Maße der Erfolg der Stunde abhängig, weniger von den Übungen an sich. Eine Stunde mit großartigen Übungen bringt keinen Erfolg, wenn sie nicht in den richtigen Zeitspannen, der richtigen Dynamik und der richtigen Reihenfolge vermittelt werden. Das ist reine Verschwendung von gutem Material. Wenn bei den Kindern und Jugendlichen das Interesse nicht geweckt wird, ist es schwer, die Stunde zu entwickeln. Das Thema muss interessant sein, vielleicht es ist auch ein bestimmter Rhythmus, den die Übung beinhaltet und der uns emotional berührt, der ein Gefühl weckt – und schon sind wir motiviert, die Übung zu machen. Die erste für mich relevante Frage in der Dramaturgie und überhaupt hinsichtlich jeder Übung lautet: Ist das, was ich mit den Kindern vorhabe, wichtig für sie? Gehört das in die Tanzstunde? Die Antwort muss lauten: »Ja, es ist wichtig!« Lautet die Antwort »nein«, kann ich die Übung gleich weglassen. Die Wichtigkeit muss ich verkörpern. Ein Beispiel: Die Kinder – aus dem 1. Schuljahr – sollen sich sehr langsam und *legato* bewegen. Das ist keine einfache, aber eine wichtige Aufgabe für kleine Kinder. Das Bild dafür ist die Rettung eines Marienkäfers.

> Stellt euch mal vor, ein Marienkäfer ist auf einem kleinen, unbekannten Planeten aufgetaucht. Unerklärlich … Keiner weiß, wie das passieren konnte. Die merkwürdigen Bewohner dieses Planeten haben ihn entdeckt und finden ihn sehr interessant. Er ist der einzige Marienkäfer dort. Er ist so schön mit seinen schwarzen Punkten und so empfindlich. Die Bewohner des Planeten merken, dass der Käfer entkräftet ist. Er muss eine sehr lange Reise hinter sich haben. Und sie sind sehr klug und verstehen, dass er zurück muss. Allein kann er auf ihrem Planeten nicht überleben und sich fortpflanzen. »So ein wunderbares Wesen müssen wir retten!« Da sind sie sich einig. Dafür müssen sie mit ihm auf eine gefährliche Reise durch das All. Sie wissen zwar nicht wohin, aber glauben, dass der Käfer ihnen den Weg zeigen wird. Er muss sehr langsam, fließend und vorsichtig transportiert werden, ihm darf

Tanz im Buch

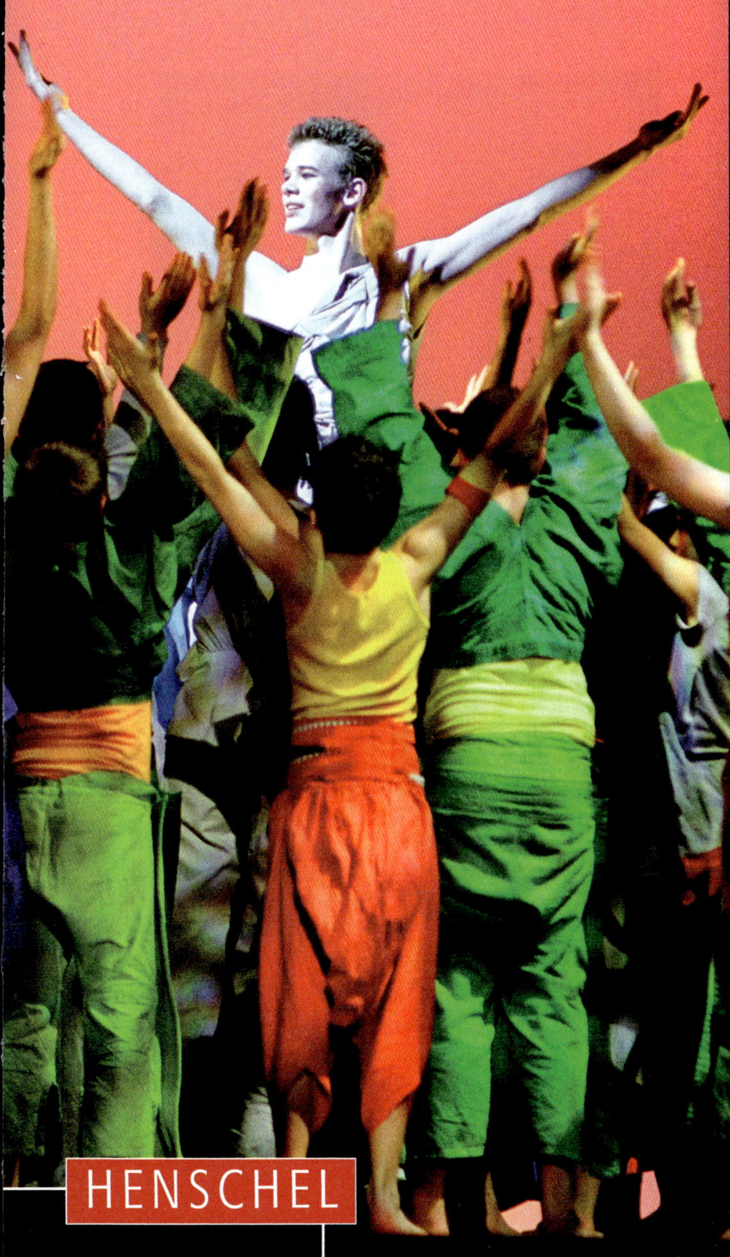

HENSCHEL

Dagmar Ellen Fischer
Egon Madsen
Ein Tanzleben
Biografie
160 Seiten, 70 Abbildungen
€ [D] 24,90 € [A] 25,60
ISBN 978-3-89487-729-3

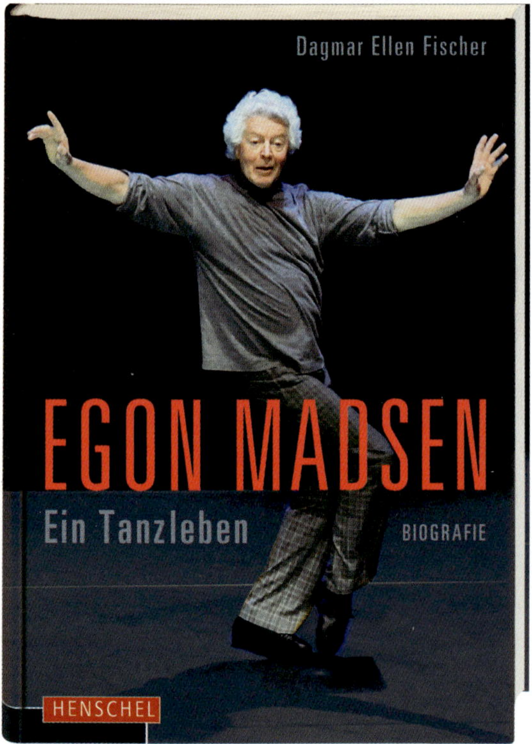

Mit 70 Jahren steht er noch immer auf der Bühne und wird von seinen Fans gefeiert wie eh und je: der dänische Balletttänzer Egon Madsen.
Als einer der vier Protagonisten des »Stuttgarter Ballettwunders« wurden für ihn und mit ihm zahlreiche Rollen in Werken kreiert, die heute zu Klassikern zählen, wie *Der Widerspenstigen Zähmung* von John Cranko oder *Die Kameliendame* von John Neumeier.
Ende der 1990er Jahre wechselte Madsen ans renommierte Nederlands Dans Theater ins dortige Ensemble für Tänzer über 40. 2007 kehrte er nach Stuttgart zurück, als Coach und Tänzer der Gauthier Dance Company.
Nun blickt er zurück auf sein »Tanzleben«, das die Ballettexpertin Dagmar Ellen Fischer für ihn in Worte gefasst hat.

nichts passieren. Das muss man sich so vorstellen: Der Marienkäfer wandert die ganze Zeit an den Körpern entlang und zeigt damit praktisch den Weg. Es wird alles getan, dass er nicht hinunter fällt oder vom Wind weggepustet wird. Dafür müssen alle sehr vorsichtig, sehr sanft sein. Der Transport darf nicht schnell und auf keinen Fall ruckartig stattfinden.

Die Wichtigkeit der Rettung des Marienkäfer muss fast zwingend dargestellt werden. Die Kinder müssen das Gefühl haben, unbedingt den Marienkäfer retten zu müssen. Die Wichtigkeit ist aber nur zu spüren, wenn ich als Leiterin sie auch verkörpern und entsprechend vermitteln kann! Durch diese Wichtigkeit baue ich ein Spannungsfeld auf und dadurch arbeiten die Kinder viel konzentrierter genau an den vorgegebenen Bewegungsqualitäten, die ich mir als Thema vorgenommen habe.

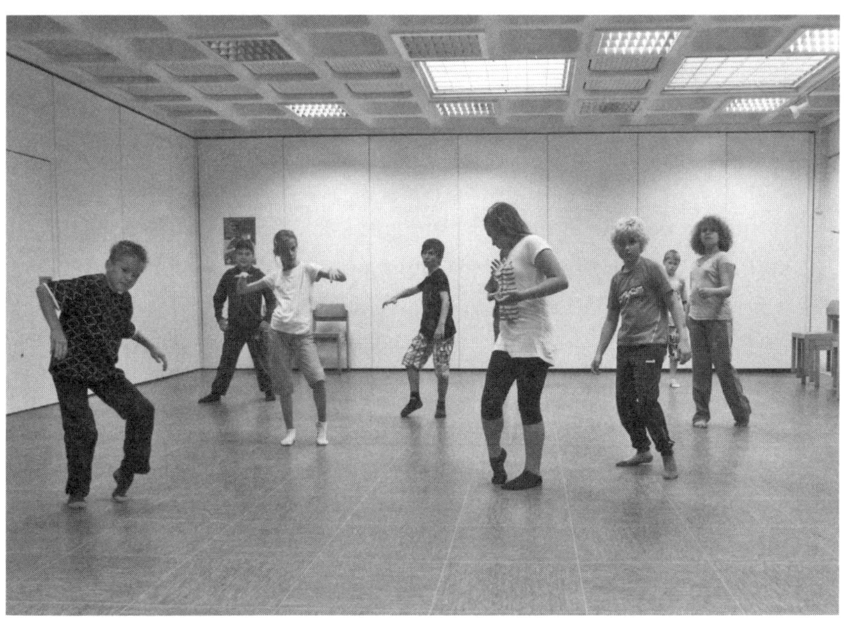

Langsam, fließend und vorsichtig wird der Marienkäfer transportiert. Projektwoche mit Viertklässlern, Duisburg 2011

Die Stunde braucht außerdem eine klare Struktur, einen Plan. Das ist sehr wichtig, damit die leitende Person die Freiheit und Sicherheit hat, sie jederzeit zu verlassen oder zu verändern – je nach Bedarf und Notwendigkeit. Zudem muss ich in meiner Struktur so eindeutig und sicher sein, dass die Kinder die ganze Zeit meine Präsenz spüren. Keine belastende Präsenz, sondern eine, die ihnen Sicherheit schenkt. Mit der Struktur ist viel mehr als nur die Reihenfolge der Geschehnisse gemeint. Ich kann mein Ziel am besten erreichen, wenn der Verlauf der Stunde spannend ist. Wenn ich die Kinder von der Aufgabe (der Marienkäferrettung!) überzeugt habe, sind sie bereit, mit mir dieses Abenteuer zu bestreiten. Es muss ein Sinn zu erkennen sein. Ein Sinn für mich, einer für die Kinder. Auch wenn ich sehr an die Marienkäferrettung glaube, besteht für mich der Sinn dieser Übung vor allem in der Arbeit an den Bewegungsqualitäten, die Kinder sollen *langsam* und *legato* in die Fortbewegung kommen.

Ich mache diese Übung übrigens sowohl mit Grundschulkindern als auch mit Kindern der Sekundarstufe. Ich habe die Erfahrung gemacht, dass größere Kinder die Themen, die wir mit den Kleinen machen, immer noch gut akzeptieren, wenn ich sie altersgemäß formuliere. Je kleiner die Kinder sind, umso mehr konzentriert sich der Sinn auf die Aktion, auf die Rettung. Je größer sie sind, umso mehr vermischt sich der Sinn der Rettung mit dem Sinn der Bewegungsaufgabe. Bei der Marienkäfer-Übung unterstützt das Bild der Rettung die Qualität der Bewegungsausführung.

Der Ton, mit dem ich die Aufgabe vermittele, ist ebenfalls wichtig. Ein Schuss Humor bringt oft eine Ebene, auf der Jugendliche Lust bekommen, mit einem Thema zu arbeiten. Aber der Witz sollte nicht erzwungen werden. Auch mein Auftreten und meine Bereitschaft, mich mit Begeisterung mitzubewegen, schaffen eine Brücke für die Jugendlichen.

Der Gebrauch von Bildern spielt eine wichtige Rolle für die Dramaturgie. Durch sie kann die Spannung gesteigert bzw. auch gelockert werden, die Kinder werden neugierig und lassen sich überraschen. Bilder, die in das Geschehen oder in einen Rhythmus verwickelt sind, schaffen eine emotionale Bindung zu den Übungen und zur Stunde. Das *Wie* ist es also, was mich zu meinem Ziel bringt. Ich möchte erreichen, dass dic Kinder sich einer Aufgabe vollkommen hingeben, dass sie darin eintauchen, sich frei und sicher fühlen in dem, was sie machen, um ganz ehrliche Bewegungen aus sich hervorzuholen.

Sehr aufpassen sollten wir mit dem Schwierigkeitsgrad der Übungen, besonders im Technikteil. Sie dürfen weder über- noch unterfordern. Wir müssen darauf achten, dass sie nicht zu lang und/oder zu komplex sind. Die Kinder sollten zwar herausgefordert werden, das mögen sie, aber sie müssen eine Perspektive erkennen können und Fortschritte erleben. Sonst besteht die Gefahr, dass sie aus Frustration das Interesse verlieren oder nicht mehr bereit sind, weiter zu arbeiten. Dann nützt auch der beste Spannungsbogen nichts ...

Und schließlich: Die Reihenfolge der Inhalte einer Tanzstunde legt den Handlungsablauf fest. So bestimmt sie, wann die Handlung eine Wandlung, eine Veränderung oder Weiterentwicklung erfährt. Hier beziehe ich mich nicht nur auf konkretere Handlungen, sondern auch auf abstrakte.

Dramaturgie im regelmäßigen Unterricht (à 45 Minuten)

Ich erläutere die Thematik im Folgenden beispielhaft anhand eines konkreten Themas für eine Stunde mit Kindern im 1. und 2. Schuljahr. Die genauen Übungen dazu finden Sie im Kapitel »Beispiele für 45-minütige Tanzstunden in der Schule« (S. 111 ff.).

Mein Plan:

- Die Bewegungsqualitäten, an denen gearbeitet werden soll, sind Spannung und Entspannung.
- Eine Geschichte wird sich durch die Stunde ziehen.

- Wir werden drei Figuren haben: Eine steht für Spannung, die zweite für Entspannung und die dritte für beides.
- Jede Figur bekommt einen bestimmten Rhythmus.

Die Aufgaben:

- Nach der tänzerischen Begrüßung beginnen wir mit Improvisationsübungen im Stehen.
- zwei Übungen im Stehen, jeweils für eine Figur, mit festgelegtem Raumweg
- zwei Technik-/Improvisationsübungen im Sitzen
- Partnerarbeit im Stehen mit festgelegtem Raumweg
- Abschlussimprovisation

In den Verlauf der Stunde baue ich eine Geschichte ein, wie beispielsweise die folgende:

> Die Uhren
> Ich kenne zwei Uhren-Schwestern. Eine ist sehr streng. Sie ist immer sehr genau, sie ist niemals verspätet oder zu früh. Stehenbleiben? Das kommt für sie nicht infrage. Ihre Schwester dagegen ist ziemlich locker, mal ist sie zu spät, mal zu früh und sie bleibt auch gerne mal stehen. Die Schwestern haben einen Cousin, den Wecker. Er arbeitet nachts, muss wie die erste Uhr genau sein und das seit Jahrzehnten. Jeden Tag klingelt er genau um die gleiche Uhrzeit. Beim Klingeln kann er die Spannung etwas auflockern. Das ist die einzige Abwechslung, die er am Tag erlebt. Er wird nicht herumgetragen wie die Schwestern, er steht sein Leben lang auf ein und demselben Platz. Das macht ihm langsam zu schaffen. Und so wird der Wecker nach vielen Jahren genauester Arbeit krank. Eine Depression bekommt er! Er macht eine Therapie. Die zwei Schwestern statten ihm einen Besuch in der Klinik ab.

> Schließlich wird er wieder gesund, und am Ende feiern sie zusammen seine Genesung.

Aber erzähle ich den Kindern die ganze Geschichte gleich am Anfang der Stunde? Nein! Wenn ich das machen würde, hätte ich keine Chance, die Stunde so zu entwickeln wie ich sie vorbereitet habe. Ich mache die Kinder neugierig, indem ich allmählich immer ein Stück hinzufüge. Der Unterricht braucht einen zeitlich-emotionalen Verlauf. Wenn ich schon am Anfang alles verrate, wird es für mich praktisch unmöglich, die Neugier und das Interesse aufrechtzuerhalten. Wenn die Geschichte oder das Thema nach und nach eingeführt wird, besteht außerdem die Möglichkeit, dass die Kinder selbst Vorschläge einbringen. Dadurch kann sich die Geschichte verändern und weiterentwickeln.

Zunächst führe ich die Bewegungsqualitäten und den Rhythmus ein, hier Spannung und Entspannung. Entsprechend machen wir unsere Begrüßung. Anschließend führe ich nacheinander die Figuren ein. Jede Figur bekommt ihre Bewegungsqualität, ihren Charakter und ihren Rhythmus:

> Die strenge Uhr bewegt sich voller Spannung und in gerader Linie. Sie hat einen ununterbrochenen und regelmäßigen Rhythmus. Die lockere Uhr bewegt sich entspannt, sie geht unregelmäßig. Sie bleibt auch gerne mal stehen.

Allmählich gestalte ich mit den Kindern die Figuren, und dabei wachsen die Neugier und die Identifikation mit den Figuren und mit der Geschichte, die nach und nach entsteht. Nachdem wir die ersten zwei Figuren gestaltet haben und sie mal abwechselnd großräumig tanzen ließen, ist es Zeit für eine Übung, die mehr Technik beinhaltet und im Raum konzentriert ist. Die strenge Uhr ist dafür prädestiniert.

> Sie ist so stolz, dass sie noch nie zu spät oder zu früh war und schon gar nicht jemals stehengeblieben ist. Sie ist die genaueste Uhr der ganzen Welt. Das möchte sie unbedingt bleiben und dafür trainiert sie jeden Tag.

Hier arbeiten wir schwerpunktmäßig mit dem Rücken, den Beinen/Füßen und den Armen (siehe S. 113, Übung 4). Das ist anstrengend, fördert Ausdauer und Konzentration, und wenn wir die Übung mit Humor vermitteln, dann haben die Kinder Spaß daran. Ich muss an jede Figur glauben, sie darstellen und spielerisch den Tanz erleben, als ob es das Wichtigste wäre, was ich tue (in dem Moment ist es das auch), dann sind die Kinder überzeugt und motiviert und auch ich selbst habe Spaß daran. Ich versuche, die Übung klar und einfach zu erklären und dann auch gleich machen zu lassen, denn auch durch das Ausführen schaffen wir Klarheit. Es ist besser, die Übung wiederholen lassen, als zu lange zu erklären und alles zu zerreden.

Dann wird der Wecker vorgestellt. Auch er muss genau sein. Die Kinder binde ich in das Geschehen ein, indem ich Fragen stelle. Dadurch verknüpfe ich die Spielidee mit unserer Realität. Wofür braucht man denn überhaupt einen Wecker? »Damit meine Eltern aufstehen können und mich dann wecken können«, »damit wir nicht zu spät zur Schule kommen« … Da werden auch Geschichten erzählt, wo der Wecker einmal nicht geklingelt und man verschlafen hat. Oder es hat jemand vergessen, den Wecker zu stellen usw. Wir emotionalisieren und fühlen mit dem Wecker, denn:

> Er hat jeden Morgen Angst. Wenn er nämlich klingelt und dabei laut die Spannung loslässt, kriegt er eine gehauen, damit das Klingeln aufhört. Und wenn er nicht klingelt, egal ob es seine Schuld ist oder nicht, kriegt er auch eine gehauen, weil er nicht geklingelt hat. Und das macht er nun schon seit vielen Jahren mit.

Als LehrerIn, als LeiterIn der Stunde kann man hier z.B. mit der Stimme arbeiten, bei der strengen Uhr strenger und vielleicht auch tiefer sprechen, bei der Schwester eben lockerer, sanfter. Und gerade in so einem empfindlichen Moment in der Geschichte, wenn es um die Angst des Weckers geht, ist es sehr hilfreich, mit der Stimme zu spielen. Nicht übertreiben, nichts erzwingen und nicht gestellt sprechen, es muss authentisch sein.

Die zugehörige Übung wird nun wieder anstrengend (Bauchmuskelübung, siehe S. 113 f., Übung 5), aber sie hat auch etwas Lustiges, wenn wir etwa das Klingeln durch das Ausschütteln unserer Körper darstellen und das Gehauenwerden durch einen kurzen Schrei. Erst später, nachdem die Kinder die Übung öfter getanzt haben, erzähle ich, dass der Wecker von all dem krank geworden ist. Er ist durch die ganze Belastung ein bisschen verrückt geworden. Die Bewegungen sind unkontrolliert geworden, wie ein Verrückter tanzt er durch den ganzen Raum. Schließlich wird der Wecker in eine Klinik eingeliefert. Dort besuchen ihn die Schwestern. Mit dem Weg zur Klinik entsteht wieder ein anderer Raum. Die Kinder bestreiten diesen zu zweit innerhalb einer bestimmten Zeit.

Wie schon gesagt, ist es wichtig, erst im Verlauf der Stunde mehr und mehr von der Geschichte preiszugeben. So bleibt es spannend für die Kinder, sie sind für jeden neuen Impuls offen und schaffen es, die ganze Stunde lang gut konzentriert zu sein.

Die Stunde braucht eine Lösung, einen Abschluss. In diesem Fall feiern am Ende alle drei Figuren zusammen die Genesung des Weckers. Die Kinder bekommen hierfür als letzte Aufgabe, frei im Raum zu tanzen.

Wir haben die Stunde mit der Begrüßung räumlich konzentriert angefangen und blieben konzentriert für die Vorstellung der Figuren. Dann haben wir den Raum geöffnet, damit die Figuren großräumig tanzen. Danach haben wir den Raum wieder verengt, indem wir Übungen am Platz bzw. am Boden gemacht haben. Danach folgte die erneute Öffnung des Raumes, indem die Kinder frei im Raum tanzen durften. Dann haben wir den Raum bei der Partnerübung wieder konzentriert, um ihn am Schluss für die Endimprovisation wieder zu öffnen. So erleben die Kinder beim Tanzen immer wieder neue Raumperspektiven: den Kreis als das Zimmer, in dem der Wecker sein Leben lang stand, oder die Diagonale als der Weg zur Klinik usw. Dies unterstützt, was die Dramaturgie angeht, unseren Spannungsbogen.

Dramaturgie in Workshops und Projektwochen

Im Gegensatz zum regelmäßig über einen längeren Zeitraum stattfindenden Tanzunterricht mit ca. 34 Stunden im Jahr ist eine Projektwoche oder ein Workshop kurz und in sich geschlossen. In einer Projektwoche mit insgesamt etwa 20 Tanzstunden baue ich von einem Tag auf den anderen auf. Die Geschwindigkeit der Geschehnisse ist selbstverständlich eine andere. Die Kinder haben eine intensive Woche, in der sie viel in kurzer Zeit lernen. In den Workshops ist die Zeit noch kürzer. Meist stehen hier nur drei, vier Stunden zur Verfügung. Gerade in solchen Situationen müssen wir aufpassen, dass wir nicht zu viel wollen. Es geht nicht darum, so viel Stoff wie möglich in so einen Kurs zu packen, sondern größtmögliche Qualität und Freude am Tanzen zu erzeugen. Dafür ist es notwendig, sich zu begrenzen, sich für *ein* Thema zu entscheiden und dieses zu entwickeln. Das Ziel ist, dass die Kinder ein körperliches Erlebnis haben und verstehen, was sie tun und wofür sie es tun.

Sie brauchen für einen Workshop oder eine Projektwoche:

- eine Spielidee: ein Thema oder ein Bild, eine Geschichte, ein Gedicht ...
- ein bis zwei Bewegungsqualitäten als Schwerpunkte

- einen ausbaufähigen Grundrhythmus
- klarer Umgang mit dem Raum
- klare Absprachen mit den Kindern, in welcher Bewegungsform wir auf unser Ziel hinarbeiten wollen, dass wir mit den Bewegungen kreativ und nicht stilgebunden arbeiten werden

Vom grundsätzlichen Aufbau her ist es nicht anders als beim wöchentlich stattfindenden 45-minütigen Unterricht. Die Ziele sind jedoch teilweise recht unterschiedlich. Umso bedeutsamer ist es, worauf der Fokus in den Workshops und Projekten liegt, zumal die Kinder mich vielleicht nur dieses eine Mal als Lehrerin erleben.

Ich möchte nun den Beginn eines Workshops, bzw. einer Projektwoche, detailliert beschreiben. Es wird ihnen möglicherweise überflüssig vorkommen, doch gerade dieser Anfang wird sehr oft unterschätzt.

Der Unterrichtsbeginn

Die Kinder sind in der Regel erst mal sehr neugierig auf diesen Tag oder diese Woche. Viele von ihnen glauben genau zu wissen, was wir machen werden, weil sie bereits Tanzerfahrung mitbringen. Andere haben weniger Vorstellungen, haben vielleicht lediglich schon irgendwo mal Tanz gesehen oder davon gehört. Und wieder andere Kinder haben sogar etwas Angst. Angst, sich zu blamieren, weil sie glauben, nicht so gut tanzen zu können. Manche glauben auch, das Tanzen gar nicht zu mögen.

Bevor unsere Vorstellungsrunde losgeht, frage ich, ob alle fertig umgezogen sind und auf der Toilette waren. Meistens sind die Kinder schon umgezogen, vorausgesetzt, ich hatte den LehrerInnen vor dem Workshop mitgeteilt, dass die Kinder und sie selbst bitte Tanz- oder Sportsachen anziehen sollen. Ich selbst bin natürlich auch umgezogen. Alle ohne Ausnahme sollten vor Beginn der Stunde auf die Toilette gehen. – Wie gesagt, vielleicht erscheint es Ihnen unnötig, dass ich all das hier erwähne, aber diese Details sind einerseits wichtig für das Wohlgefühl innerhalb der Stunden und tragen andererseits zu deren reibungslosem Ablauf bei. Das hat auch mit Wertschätzung unserer nun folgenden gemeinsamen Arbeit zu tun. Ich bereite mich auf irgendetwas vor und lenke meine Aufmerksamkeit vollständig auf das, was ich gleich machen werde. In dem Moment, wo ich mich umziehe, vollzieht sich eine Verwandlung. Jetzt werde ich zur Tänzerin, zum Tänzer. Und damit hat der auch schon Unterricht begonnen. Es ist sehr wichtig, dass die Kinder sich auf diese Weise für den Workshop vorbereiten, dadurch fangen sie an, sich für die nächsten drei Stunden zu konzentrieren. Wir bereiten unsere innere/geistige und äußere/körperliche Haltung vor. Einige machen das mehr, andere weniger intensiv, aber für alle ist das ein Anfang. Das gilt auch für die LehrerInnen.

Meistens mache ich mit den Kindern zunächst einen Kreis. Wenn der Kreis zu groß ist, rücken wir näher zusammen. Wichtig ist, dass wir uns alle gut sehen und hören können. Blickkontakt ist am Anfang besonders wichtig. Jedes Kind wird wahrgenommen. Ich stelle mich dann kurz vor und die Kinder sich auch. Das sollte aber nicht zu lange dauern.

Anschließend bleiben wir zusammen und reden kurz über den Workshop-Oberbegriff »Tanz«. Wie oben erwähnt, werden einige Kinder die klare Erwartung haben, dass wir klassisches Ballett machen werden oder Standardtanz oder Hip-Hop oder, oder, oder. Andere Kinder werden sich etwas verloren fühlen und Bedenken haben. Damit die einen in ihren Erwartungen nicht enttäuscht werden und die anderen sich entspannen können und neugierig werden, präsentiere ich den Workshop wie ein Rätsel. Ich frage: »Wer kennt sich hier mit Tanz aus?« Sofort springen einige Hände hoch und oft auch werden Stimmen laut. Es werden einige Beispiele von Tanz genannt: »Ich mache Ballett, seit ich ganz klein bin«; »Ich auch!«; »Ich war schon bei den Funkenmariechen!«; »Ich kann Hip-Hop«; »Ich mache Turnen und da tanzen wir auch und ich kann Spagat.« Spätesten hier zittern einige Kinder, Jungen wie Mädchen. Im Kopf entsteht das Bild von schwierigen Schrittkombinationen, Spagat – Aua! – und dazu noch merkwürdigen Posen. Berührungsängste müssen abgebaut werden. Nachdem die Kinder einige Beispiele gegeben haben, gehe ich jeden dieser Tanzstile durch und mache es spannend: »Ballett werden wir ... nicht machen, Hip-Hop ... auch nicht«, Standardtanz ... auch nicht« usw.

»Äh? Und was machen wir dann?«

»Das werden wir jetzt ausprobieren.«

Einige werden Erleichterung zeigen, andere Erstaunen, wieder andere zunächst Enttäuschung. Neugierde liegt jetzt im Raum. Das Gleichgewicht in der Gruppe hat sich ganz neu definiert. Es ist nun alles offen, kein Kind steht im Nach- oder Vorteil.

In dieser Anfangsphase ist es übrigens wichtig, meine Position als Leiterin deutlich zu machen. Je klarer, sicherer und deutlicher ich bin, umso mehr werde ich als Leiterin angenommen.

Die erste Bewegungsphase ist eine tänzerische Begrüßung. Einfache Rhythmen werden für die entsprechenden Bewegungsqualitäten eingeführt, die wir für den Workshop gewählt haben. Das Tempo ist für diese Phase sehr wichtig, nicht zu schnell und nicht zu langsam, so dass alle mitkommen können. Ich werde immer alles kurz, klar und humorvoll erklären. Insgesamt ist in den Workshops und Projektwochen immer wenig Zeit, wenn ich sie mit dem regelmäßigen Unterricht innerhalb eines ganzen Jahres vergleiche. Wenn ich will, dass die TeilnehmerInnen über den ganzen Zeitraum des Workshops/der Projektwoche ganz bei mir sind, muss ich dafür sorgen, dass die erste Übung für alle ein positives Erlebnis wird. Das Gefühl für die Gruppe ist sehr wichtig, deswegen nehme ich einen einfachen gemeinsamen Rhythmus und Raum (meistens nutze ich den bereits gebildeten Kreis), um das Gruppengefühl zu verstärken. Diese erste Aufgabe soll einerseits eine konzentrierte Arbeit sein, andererseits aber auch klar, einfach und mit Humor eine gute Stimmung aufbauen und eventuell noch vorhandene restliche Ängste und Unsicherheiten abbauen. Sie soll einfach, aber nicht anspruchslos sein.

Ich versuche, spielerisch zu erklären, was passieren soll, mit einer gewissen Ernsthaftigkeit, aber doch lustig und spannend. Wichtig ist, im Unterricht ein gutes Tempo zu halten. Das alles darf nicht zu langsam geschehen, sonst schlafen wir ein und verlieren das Interesse. Es darf aber auch nicht zu schnell gehen, sonst schaffen wir keine Klarheit. Ich muss als LehrerIn ein Gefühl dafür entwickeln, wann ich das Tempo anziehen oder zurücknehmen oder wann ich eine Pause einbauen kann/muss. Das kann man nicht konstruieren und festlegen, denn jede Stunde ist anders, auch wenn vieles sich wiederholt.

Entwicklung und Verlauf des Workshops/der Projektwoche

Der Einstieg in Workshop oder Projektwoche wird dramaturgisch so gestaltet, dass die Kinder zunächst angeregt und neugierig gemacht werden; dann sollen sie Sicherheit spüren und gleichzeitig Lust an der Bewegung bekommen oder einfach behalten, falls sie sie schon haben. Das Thema einer Stunde kann ich wunderbar sowohl in einem Workshop wie auch in einer Projektwoche entwickeln. Das Gefühl für die Zeit ist wichtig, damit weder Längen noch Hektik entstehen. Wenn sie sich zu lange mit etwas beschäftigen sollen, verlieren die Kinder das Interesse und bei zu wenig Zeit wird es ihnen schwerfallen, die Aufgaben zu begreifen. Dass sie aber den Sinn jeder Aufgabe begreifen, ist unbedingt notwendig.

Für die weitere Entwicklung und mehr auf den Verlauf eines Workshops oder einer Projektwoche bezogen, möchte ich hier einige Punkte nochmals kurz erläutern, die ich für wichtig halte:

1. ***Anregen:*** Die Geschichte/Idee wird eingeführt. Es sollte aber noch nicht alles sofort verraten werden. Wie bei der 45-minütigen Unterrichtsstunde werden die Figuren oder die Bilder langsam eingeführt und entwickelt. Aus Ideen, Wörtern oder Stimmungen können wir Bilder erzeugen. Dafür werden die Kinder ganz einbezogen und an das Thema herangeführt: »Wer kennt sich damit

aus?«, »Wer hat schon davon gehört?«, »Wer hat das mal gesehen?«, »Wer hat das mal erlebt?« Mit solchen Fragen können wir die Kinder in das Geschehen hineinholen. Das häufige Nachfragen fördert das Bewusstsein der Kinder für unser Thema. Wenn sie selbst auf die Antwort kommen, hat dies natürlich eine höhere Identifikation zur Folge, als wenn ich gleich die Antwort liefere. In dem Moment, wo die Kinder antworten oder Lösungen suchen, fangen sie an, die Idee zu verkörpern.

2. *Länge der Übungen:* Gerade bei einem Workshop oder einer Projektwoche sollten die Übungen nicht zu lang sein. Die Kinder müssen die Chance haben, sie schnell zu verstehen. Wenn die Übungen uns spannende Variationen ermöglichen, können wir relativ lange an einer Idee arbeiten. Durch die Variationen wird eher das Gefühl von mehreren kleinen Aufgaben als von einer langen Übung vermittelt. Einige dieser Übungen, ob improvisatorisch oder nicht, werden am Ende des Prozesses als Puzzle zu einem Abschluss zusammengeführt, und das können die Kinder dann sogar in einer Vorführung präsentieren. Schon aus diesem Grund müssen sie den Sinn der Übungen verstehen und sich damit identifizieren können. Nur so können sie sich die Aufgaben, die Übungen merken und in dieser kurzen Zeit Qualität hervorbringen. Sonst haben sie am Abend oder am nächsten Tag schon vergessen, was sie heute gemacht haben.

3. *Wiederholungen:* Sie sind wichtig, sowohl für das Verständnis und die Entwicklung einer Rolle, einer Bewegungsqualität, als auch für die Festigung einer Reihenfolge und nicht zuletzt für den Trainingseffekt. Auch wenn die Kinder in einem Workshop oder einer Projektwoche nicht denselben Trainingseffekt erreichen können wie in einem regelmäßigen Kurs, darf dieser Punkt nicht unterschätzt werden. Auch hier sollten wir den Willen zu Präzision anstacheln. Die Kinder sollten erfahren, dass sie mit wach-

sender Präzision zunehmend in der Lage sind zu bestimmen, was sie mit ihrem Körper machen und wie sie es machen. An dieser Stelle möchte ich nochmals betonen, wie wichtig es ist, nicht zu viel zu wollen. Weniger ist am Ende mehr. Jede Wiederholung setzt voraus, dass die Kinder immer noch motiviert sind. Auf keinen Fall die Geduld der Kinder strapazieren! Auch wenn die eine oder andere Wiederholung nötig wäre, ist es manchmal sinnvoller, die Wiederholung zu lassen, als sie zu erzwingen. Der Zwang reduziert die Motivation stark und verschlechtert die Qualität.

3a. Wiederholung durch Raumvariation: Die räumliche Veränderung bringt immer eine neue Perspektive, so dass wir die Möglichkeit haben, uns auf das Rhythmische, die Form und die Dynamik zu konzentrieren. Indem wir den Raum variieren, können wir eine Aufgabe wiederholen, ohne dass es sich wirklich nach Wiederholung anfühlt. Dadurch werden die Kinder immer neu motiviert, das Gleiche zu üben.

3b. Wiederholung durch Partnerarbeit oder in der Gruppe: Die Arbeit mit einem Partner oder in der Gruppe bringt eine ganz neue Ebene in das Geschehen. Eine neue Herausforderung kommt dazu. Füreinander verantwortlich zu sein, eine Aufgabe, die vorher allein gemacht wurde, jetzt gemeinsam zu meistern, erfordert Rücksichtnahme und öffnet den Horizont. Die Interaktion bringt eine Menge Spannung dazu.

3c. Wiederholung durch ein neues Bild: Strukturell kann ich eine Übung wiederholen, indem ich ein neues Bild schaffe, das mir die gleiche Bewegungsqualität gibt. So kann unsere strenge Uhr aus dem Kapitel »Unterrichtsdramaturgie« (S. 67 ff.) etwa von einem japanischen Roboter ersetzt werden, denn er ist genau und streng wie diese Uhr. Schon haben die Kinder eine andere Motivation. Sie sind in einem anderen Kontext. So kann ich beispielsweise bei der Projektwoche nach einer Pause die Übung mit dem neuen Bild wiederholen.

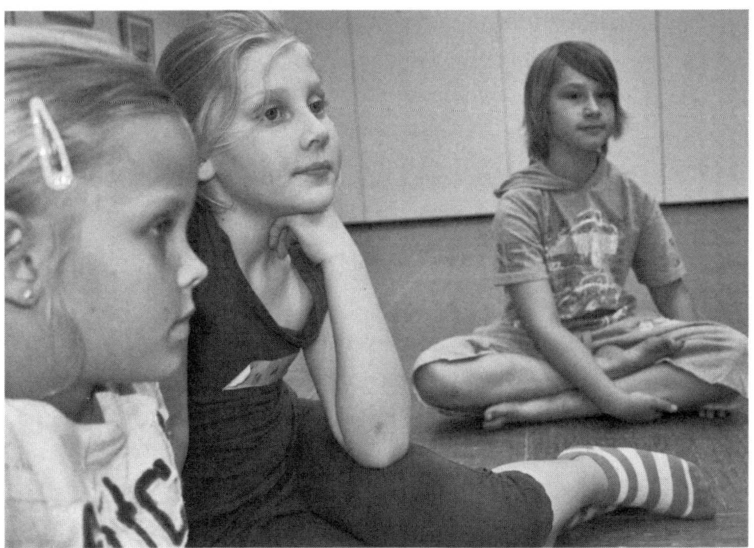

Wir reflektieren. Projektwoche mit Drittklässlern, Duisburg 2010

4. ***Reflexion:*** Zwischendurch halte ich mit den Kindern eine kurze Reflexionsrunde ab. Wir erinnern uns, was wir bis jetzt gemacht haben. Mal zeigt ein Kind, mal mehrere oder die ganze Gruppe, was wir gemacht haben, und verbalisiert wird es auch. Das kann im Kreis oder im »ungeordneten« Beieinandersein und sowohl im Stehen als auch im Sitzen geschehen. Es geht nicht darum, die Übungen vorzutanzen, sondern darum, sich an sie zu erinnern, das Erlebnis zurückzuholen, das Bewusstsein zu erweitern. Wir werden uns noch mal über das Thema, die Form, die Bewegungsqualität klar, indem wir mit einem Körperteil die Qualität der Bewegung erneut spüren, den Rhythmus vielleicht vorsingen oder klatschen usw. Für diesen Erinnerungsprozess sind die Fragen nach Was, Wie, Wo und Wann wichtig, damit die Kinder nochmals kurz in sich gehen und dabei genau wissen, was sie zu tun haben. Vor allem bei einer Projektwoche ist dies essenziell für den Erfolg des Prozesses. Jeden Tag gehe ich mit den Kindern durch, was wir ein, zwei Tage zuvor gemacht haben. Diese Run-

den sollen lebendig, spannend, motivierend sein. Es geht nicht darum, eine Liste abzuhaken, sondern Qualität und Klarheit zu schaffen.

5. *Korrektur:* Die Reflexion ist oft auch eine gute Gelegenheit für Korrekturen. Da können die Kinder selbst sagen, was sie verbessern können und ich gebe auch meine Rückmeldung:

- »Ich sehe da wenig Spannung in deiner Armbewegung!«
- »Sehr gut seid ihr mit dem Raum umgegangen!«
- »Ihr habt den Rhythmus nicht genau wiedergegeben. Wie geht er noch mal?«
- »Ich habe den Eindruck, du bist nicht bei der Sache, ich verstehe deine Bewegungen nicht. Zeig es bitte noch mal, denn ich weiß, dass du es anders kannst.«
- »Das hat mich überzeugt!« oder »Das hat mich nicht überzeugt!« usw.

Rückmeldungen dieser Art sind sehr wichtig, sonst entsteht Beliebigkeit. Die Korrekturen sollen auf keinen Fall willkürlich sein. Sie müssen ehrlich und ernst sein. Wenn ich verallgemeinernd sage »schön macht ihr das«, und zwar immer, egal was die Kinder machen, kommen sie nicht weiter. Lob ist zwar sehr wichtig, aber es muss begründetes Lob sein.

Gerade bei Workshops und Projektwochen ist die Gefahr groß, dass wir Korrekturen nicht wichtig genug nehmen. Aber auch in solchen Projekten gehören klare und ehrliche Korrekturen dazu.

6. *Pausen:* In den Workshops oder Projektwochen, in denen wir im Schnitt länger arbeiten, gehören natürlich Pausen dazu. Wir sollten jedoch auf eher kurze Pausen achten, zum Trinken und um auf die Toilette zu gehen, und zusätzlich ruhige Momente in die Stunde integrieren, als lange Pausen zu machen. Meistens kom-

men die Kinder aus einer sehr langen Pause total unruhig und verausgabt wieder, so dass wir erst mal damit beschäftigt sind, die Energie wieder zu konzentrieren. In den kurzen ruhigen Momenten im Verlauf eines Workshops oder einer Projektwoche mache ich einfache Konzentrationsübungen wie beispielsweise diese:

Wir sitzen oder liegen. Alle haben die Augen zu. Niemand darf einen Ton sagen. Es geht darum, sich nur auf das Hören zu konzentrieren. Wir beobachten, ob wir irgendwelche Geräusche ausmachen können, die wir bis jetzt nicht wahrgenommen haben, die womöglich schwer zu hören sind. Ich bin sehr gespannt, wer was hören wird! Nach einer Weile dürfen die Kinder erzählen, was sie gehört haben. Tatsächlich ist es meistens so, dass wir viele Geräusche entdecken, die uns vorher entgangen waren. Das kann sehr spannend sein.

Nach so einem Moment sind die Kinder wunderbar konzentriert und ich kann langsam entweder etwas Neues einführen, etwas weiterentwickeln oder etwas Altes wiederholen. Dauert ein Workshop vier, fünf Stunden oder geht er gar über den ganzen Tag, dann brauchen die Kinder selbstverständlich eine oder mehrere lange Pausen. Wenn sie zurückkommen, sollte man sich auf jeden Fall die Zeit nehmen, die Kinder wieder in das Tanzgeschehen einzuführen.

7. ***Stimme und Körpereinsatz – Emotionalität:*** Wie erwähnt, ist die Verkörperung jeder Aufgabe für den Erfolg des Unterrichts wesentlich. Gerade der Einsatz der Stimme, d. h. der Emotionen, die man mit ihr ausdrücken kann, und der Ausdruck meines eigenen tänzerischen Spiels wird nicht nur die Motivation und die Lust am Tanzen erwecken, sondern auch Klarheit in Bezug auf die Aufgabe schaffen. Es geht nicht darum, mich in den Vordergrund zu tanzen und meine Eitelkeit zu befriedigen. Es geht darum, zu begeistern. Die Art und Weise, wie ich jeden Moment,

jede Aufgabe mit Überzeugung vertrete, wird den Verlauf des Ganzen bestimmen. Der Charakter der Übungen muss durch meinen Körper und meine Stimme zu erkennen und überzeugend sein. Ich muss das Gespür für das richtige Maß haben. Es gehört dazu, zu wissen, welche Lautstärke, welche Tonlage und welche Körperspannung für jeden Augenblick geeignet sind.

8. *Ganzkörperlich oder Körperteile:* Es ist oft sinnvoll, eine Aufgabe beschränkt auf einzelne Körperteile einzuführen und sie allmählich auf den ganzen Körper auszuweiten. Ebenfalls ist es sinnvoll, ganzkörperliche Übungen vorübergehend auf einen Körperteil zu reduzieren, um die Bewegungsqualität noch einmal bewusster zu üben. Die Kinder haben dann die Möglichkeit, in dieser kurzen Zeit differenziert zu arbeiten. Gerade im Workshop und in der Projektwoche, wo wir mit begrenzter Zeit arbeiten, ist das Spiel zwischen Ganzkörper und Körperteilen für die Kinder eine große Hilfe für eine klare Bewegungsausführung. Es wird ihnen erneut bewusst, wie viele Körperteile wir isoliert bewegen können. So erreichen wir, dass die Kinder ihre Bewegung nicht nur auf die Beine und Arme begrenzen. Wir reduzieren, wir fokussieren auf einzelne Körperteile, als ob wir eine Aufgabe, eine Bewegung unter die Lupe nehmen würden, um sie dann wieder zur Ganzkörperlichkeit hin zu öffnen. Damit wird auch das Tanzrepertoire erweitert.

Wir dürfen im Übrigen nicht vergessen, dass es für die Kinder, obwohl sie durch einen Workshop und vor allen durch eine Projektwoche eine Unterbrechung des Schulalltags haben, doch auch ungewohnt ist, sich eine Zeitlang nur mit Tanz zu beschäftigen. Also sollten wir darauf achten, dass diese Beschäftigung sinnvoll und abwechslungsreich wird.

Spielideen für den Unterricht

Wie finde ich Themen und Bilder?

Es sprudelt überall nur so von Bildern, Themen und Geschichten, die wir für den Tanzunterricht nutzen können. Man muss nur hinschauen, genau beobachten. Ich sitze gerade in diesem Augenblick schreibend im Wohnzimmer. In unserem Wohnzimmer befinden sich u. a. ein Klavier, ein Hocker, Tische, Stühle, ein Regal voller Bücher, mehrere Kerzen, eine Obstschale, Lampen, auch eine Duftlampe, Kissen, kleine Skulpturen, Pflanzen, Briefumschläge, ein Telefon, Stifte usw. Ich muss mich nur umsehen und schon kommen mir Ideen. Es könnte auch ein Blick auf die Terrasse sein, ein Spaziergang im Wald oder in der Stadt, eine Straßenbahnfahrt, ein Restaurantbesuch und, und, und … überall dort gibt es sehr viel zu beobachten und ich würde eine Menge sehen.

Aber wie geht es weiter? Spontan suche ich mir von allem, was ich gesehen habe, etwas aus. Nur nicht lange überlegen. Man kann nie etwas falsch machen, außerdem gibt es immer die Möglichkeit, eine Idee zu verwerfen oder zu verändern. Aber dafür brauche ich erst mal eine! Das erste, was mir jetzt in den Kopf sprang, war die Duftlampe. Also nehme ich sie. Jetzt sammle ich alles, was mir spontan zur Duftlampe einfällt. Auch hier nicht zu lange nachdenken, einfach ganz spontan und assoziativ *alles* aufschreiben, was einem in den Kopf kommt. Vielleicht fällt Ihnen am Anfang nicht viel ein, geben Sie aber deshalb nicht gleich auf. Denn auch das ist Übungssache. Je öfter wir es tun, umso leichter wird es. Ich muss mir übrigens nicht erklären, was mir warum und wieso einfällt. Es ist auch nicht von Bedeutung, wie viel mir einfällt. Einfach erst mal sammeln.

Meine Assoziationen zur Duftlampe sind:

- Licht
- Duft
- Dufttherapie
- Leuchten
- Wärme
- Gemütlichkeit
- Kerze
- Feuer
- Wasser
- Öl
- Lampenformen
- Riechen

Das ist alles, was mir im Moment zur Duftlampe einfällt – und das ist mehr als genug. Ich lasse mich nun von meinen Einfällen inspirieren. Die erste Frage ist: Welche Bewegungsqualität passt zu diesem Thema? Ich entscheide, dass als Bewegungsqualität für die Dynamik in der Stunde sowohl *legato* als auch *staccato* passen.

Man kann in der Folge einige dieser Wörter herausnehmen und dann Ideen entwickeln, etwa für »Kerze«. Und dann lasse ich ganz einfach mit diesem Wort im Kopf die Gedanken hinsichtlich der Bewegungsqualitäten fließen:

- *legato*: das Zerschmelzen der Kerze beim Brennen, Kerzen aus Honigwachs formen
- *staccato*: das Brechen einer Kerze (vielleicht bei einem wilden Transport)

Ein weiteres Beispiel: »Feuer«. Die Bewegungsqualität soll hier von *staccato* zu *legato* übergehen:

- erst knistert das Feuer beim Anzünden – *staccato*, dann brennt es ganz sanft – *legato*
- anschließend könnte ich mir vorstellen, wie ich Duftöl auf das Wasser in der Schale der Duftlampe tropfen lassen – *staccato*; und dann wird der Duft überall verteilt und das geschieht natürlich in *legato*-Qualität

Und so kann es weitergehen …

Möchte ich aber Ideen sammeln für unterschiedliche Tanzstunden, muss ich mich nicht auf bestimmte Bewegungsqualitäten konzentrieren:

- Die Kerze kann auch von groß zu klein, von dick zu dünn werden: Damit hätten wir Dynamik und die Raumdimension in Enge und Weite. Die Attribute groß, dünn, klein, dick lassen sowohl bestimmte Typen wie auch einen Bezug zum Raum entstehen.
- Das Kerzenlicht brennt abwechselnd stark und schwach: Hier läge der Fokus auf Spannung und Entspannung.
- Das Kerzenlicht flackert, wird aber bald ruhiger: Wir üben Tempowechsel.

Ich habe natürlich auch die Möglichkeit, zuerst eine oder mehrere Bewegungsqualitäten festzulegen, etwa schnell und langsam, dazu einen Schwerpunkt: Kräftigung der Bauchmuskulatur. Dann suche ich ein oder mehrere passende Bilder:

- die Beine: Ich denke an Ameisen, die an sich schnell krabbeln. Wenn sie aber mit dem Vielfachen ihres eigenen Gewichts beladen sind, werden sie langsamer.
- der Bauch: Mir kommt die Idee, auf einer imaginären Gartenliege langsam vor und zurück zu schaukeln. Nur der Po darf

den Boden berühren. Und schaukelnd trainieren die Kinder die Bauchmuskulatur.

So kann es also auch funktionieren. Allerdings habe ich für mich persönlich festgestellt, dass das Spiel mit dem Zufall meine Kreativität stärker stimuliert.

Und entsprechend kommt hier ein nächster Weg zur Ideenfindung: Ich nehme jetzt willkürlich ein Buch zur Hand. Was für ein Buch das ist, interessiert mich im Moment nicht. Ich möchte ganz unbefangen in den kreativen Prozess eintauchen. Ich klappe dieses Buch irgendwo auf, und das erste Wort, das ich lese, merke ich mir. Es ist das Wort »verstehen«. Wie aus diesem Wort eine Tanzstunde wird? Ich gehe genauso vor wie eben beim ersten Beispiel. Also, zunächst sammle ich alles, was mir assoziativ zum Wort »verstehen« einfällt:

- Lösung
- kapieren
- wissen
- Knoten
- Sprache
- Reihenfolge
- klug
- Weg

Sie müssen bei Ihren Einfällen wirklich nicht nach Logik suchen. Es ist bei diesem ersten Schritt alles erlaubt. Dann sollten wir nach Gefühl »ausmisten«, auch das spontan, denn es werden zu den Einfällen neue hinzukommen:

- »Knoten«: sehr fest – Spannung; Ich bekomme ein Bild von verknoteten Körpern oder auch nur von Körperteilen, wie Armen, die sich umeinander schlingen.

- Bei »Weg« denke ich an eine Schatzkarte, die imaginär auf dem Boden ausgebreitet ist. Und jedes Kind sucht den Weg zum Schatz: Thema Raum. Die Karte ist voller Rätsel und voller Überraschungen. Dazu können wir eine Geheimsprache entwickeln, die mit Beinen und Armen gesprochen wird.

Wenn wir einmal damit begonnen haben, unserer Kreativität Flügel zu geben, dann hört es nicht mehr auf. Aus einem Bild entsteht das nächste, dann schon wieder eins, und so geht es immer weiter. Den Prozess nur nicht bremsen. Es ist ein Spiel, je mehr wir spielen, desto besser können wir es und umso mehr Spaß macht es auch.

Ich erzähle in den Tanzstunden gerne kleine Geschichten, besonders für die kleineren Vorschul- und Grundschulkinder. Das hilft sehr dabei, in die Stunde einzuführen, und die Kinder behalten durch die Einbettung der Übungen in eine Geschichte auch besser, was wir in der Stunde gemacht haben. Ich möchte in dem Zusammenhang noch mal zu meiner Duftlampe zurückkommen. Sie haben schon gesehen, wie viel wir aus diesem einen Wort schöpfen können. Aber mir fällt dazu auch eine Geschichte ein, und die geht so:

> An einem unbekannten Ort in einer mysteriösen Fabrik werden Duftlampen gefertigt. Sie sind aus ganz speziellem Ton und sehr außergewöhnlich in ihrer Gestaltung. Jedes Stück ist ein Unikat. Und – sie haben Gefühle! Darüber hinaus besitzen sie wundersame und heilende Kräfte. Dadurch sind sie prädestiniert, traurigen Menschen zu helfen. Sie wandern durch das ganze Land und halten an, wenn sie merken, sie werden gebraucht. Dann verströmen sie einen besonderen Duft, welcher die Traurigen froh macht. Sie bleiben nur so lange, wie die Menschen sie brauchen. Solche Duftlampen kann man nicht kaufen und besitzen; sie kommen und gehen eigenständig, wann sie wollen und wann es nötig ist.

Die Geschichte wurde vor allem aus dem Wort Dufttherapie, das mir ja u. a. zum Thema Duftlampe eingefallen war, entwickelt. In dieser Geschichte steckt jetzt meine neue Tanzstunde. Ich bleibe hierfür bei den Bewegungsqualitäten *legato* und *staccato*. Gehen wir nun der Reihe nach durch, welche Übungsideen die Stunde beinhalten könnte. Für das Gerüst dieser Stunde greife ich u. a. einige in diesem Kapitel bereits geschilderte Ideen auf:

1. Mehrere Duftlampen werden in der Fabrik geformt.
   - *legato*
   - *staccato*

2. Sie werden getestet, indem ihre »Wunderkerzen« angehen, brennen und erlöschen, dann erneut aufflammen und wieder brennen.
   - *staccato*-Bewegungen für das Knistern der Flamme: erst einzelne Körperteile, dann ganzkörperlich
   - *legato*-Bewegungen für das sanfte Brennen: erst einzelne Körperteile, dann ganzkörperlich

3. Bewegungstest für die Duftlampen: Die Kinder probieren verschiedene Gang- und/oder Laufarten aus.
   - *legato*
   - *staccato*

4. Test der Duftfunktion, indem ein Tropfen Öl in die Schale gegeben wird: Die Kinder geben dem mit einer Sprungkombination Ausdruck.

5. Zuletzt wird die Duftverbreitung getestet: ganzkörperlich *legato*.
   - Bewegungen zunächst am Platz
   - danach Bewegungen durch den Raum

6. Abschlussimprovisation: Die Duftlampen machen sich auf den Weg und suchen einen Ort, an dem sie gebraucht werden. Die Kerzen werden entflammt, der Duft breitet sich aus. Anschließend werden die Flammen wieder gelöscht und sie ziehen weiter.

Ein Wort, eine Situation, ein Lied, eine schon existierende Geschichte oder ein Gedicht … Überall stecken Ideen, die unsere Tanzstunde, unsere Tanzübungen und Improvisationsaufgaben ausfüllen können. Genau hinhören, hinschauen, genauer beobachten – und schon haben Sie unzählige Ideen zu Verfügung.

Was bringt die Arbeit mit rhythmischen Phrasierungen?

Rhythmus und Bewegung sind stark miteinander verkoppelt. Rhythmen können Bewegung auslösen und helfen, diese besser zu speichern. Wenn der Rhythmus durch eine textliche Phrasierung, die diesen noch stärker betont, begleitet wird, schaffen wir Bilder, die wiederum die Bewegung noch stärker unterstützen. Dies ist deutlich im Unterricht zu beobachten. Durch rhythmisch klar phrasierte Übungen schaffen es die SchülerInnen, Reihenfolgen schneller zu begreifen und sich einzuprägen. Es ist nicht nur der Rhythmus der Phrasierung, der uns das Verstehen erleichtert, sondern auch der Sinn der Wortgruppen in Verbindung mit der Bewegung. Wenn wir uns nach langer Zeit an eine Phrasierung erinnern, diese erneut sprechen/singen, dann ist nach meiner Überzeugung die Wahrscheinlichkeit sehr hoch, dass uns auch die entsprechende Übung wieder einfällt. Einmal haben mich Schülerinnen, die seit Jahren bei mir tanzen, gebeten, ob wir nicht mal eine bestimmte Sprungkombination von früher machen könnten. Ich fragte sie, ob sie überhaupt noch wüssten, wie diese ginge. Sie antworteten: »Ja, klar!« Die Sprungkombination lag fünf, sechs Jahren zurück. Sie waren damals zehn oder elf Jahre alt. Durch das Singen der zugehörigen Phrasierung aus dem Gedächtnis hatten sie schnell den Rhythmus und die Bewegungsreihenfolge wiedergefunden. Ich fand das unglaublich beeindruckend! Ich bin überzeugt, dass die rhythmische Phrasierung die Verbindung zwischen Rhythmus und Bewegung stärkt.

Die Phrasierung ging so:

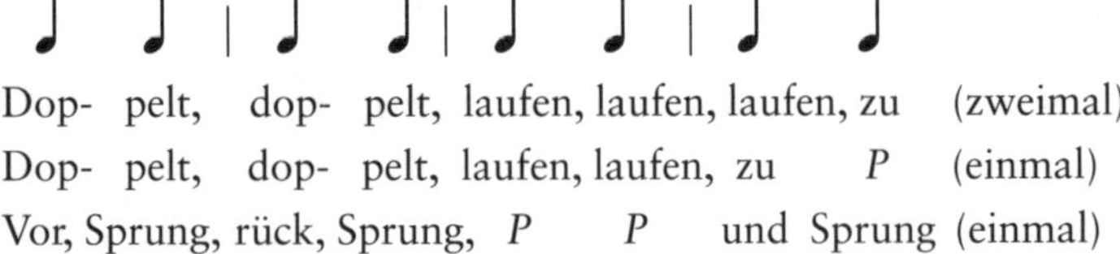

Rhythmus: 2/4-Takt
Tempo: schnell

Wenn Sie jetzt hier diese Phrasierung lesen, wissen sie nicht, was wir gemacht haben. Die Phrasierung wird erst in Verbindung mit der Bewegung einen Sinn bekommen und wiederum der Bewegung einen Sinn geben. Sie kann auch einfach mit Stichworten oder Geräuschen formuliert werden. Entscheidend ist die Verbindung zwischen dem von den TänzerInnen Visualisierten, dem Gehörten und dem Gesungenen.

Es ist bekannt, dass die Verbindung von Rhythmus und Bewegung das Gemeinschaftsgefühl stärkt. Das ist im Tanzunterricht deutlich zu beobachten. Sowohl bei festgelegten wie auch bei frei zu gestaltenden Übungen entsteht ein spürbares Gefühl von Stärke, wenn alle Beteiligten einen bestimmten Rhythmus zusammen tanzen. Das ist gerade für die Gruppenarbeit sehr wichtig, bei der die Kinder denselben Tanzablauf zeitgleich synchron tanzen sollen. Mit einer sinnvollen rhythmischen Phrasierung ist dies um einiges leichter zu schaffen.

Die Phrasierung ist am Anfang für alle deutlich hörbar. Irgendwann, oft geschieht es ganz natürlich, singen oder sprechen wir sie nicht mehr laut. Ich sage dann den Kindern, dass wir zwar nicht mehr laut singen, aber die Phrasierung weiterhin denken. Ein Mädchen aus dem 1. Schuljahr antwortete darauf einmal: »Das singen wir jetzt im Herzen.« Sie hat es wohl auf den Punkt gebracht.

Wir können jederzeit auf die Phrasierung zurückgreifen, um die Erinnerung zu stimulieren, um an der Qualität der Bewegung zu feilen und rhythmische Klarheit zu schaffen.

Ein weiterer Vorteil ist die Sicherheit, die so eine Phrasierung den Kindern schenkt. Eine Schülerin aus dem 2. Schuljahr, die bei einer Vorstellung mittanzte, war dort an zwei Tänzen beteiligt. Einer dieser Tänze hatte einen ¾-Takt, und das Kind hatte hart daran gearbeitet, das Gefühl für den ¾-Takt zu entwickeln. Unsere Hauptphrasierung für diesen Tanz war einfach:

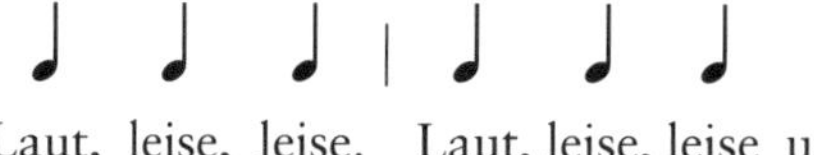

Laut, leise, leise. Laut, leise, leise usw.

Jedes Mal, bevor das Mädchen für diesen Tanz auf die Bühne ging (das Stück wurde mehrmals aufgeführt), fragte sie mich hinter der Bühne: »Jetzt kommt das ‚Laut, leise, leise. Laut, leise, leise', oder?« Sie hat es ganz von selbst rhythmisch genau gesungen. Das hat ihre Erinnerung in Gang gesetzt, sie beruhigt und ihr Sicherheit gegeben.

Das Spiel mit der Stimme bringt noch eine weitere Ebene ein. Wir können auf diese Weise Emotionalität in jede Übung bringen. Auch in eine abstrakte Sprungkombination. Durch die Differenzierung Tonlage, Lautstärke und Akzentuierung der Stimme kann die gewünschte Qualität der Sprungkombination beeinflusst werden. Und das macht den Tanz mit aus. Die Stimme kann Nuancen und Differenzierungen in die kleinsten Details bringen. Der Einsatz von Stimme muss in Einklang mit der Bewegungsqualität, die gefordert wird, erfolgen. Ob ich laut oder leise spreche oder sogar flüstere oder ob die Stimme voller Spannung oder abgehackt ist usw., macht einen Unterschied, und der wird großen Einfluss auf die Bewegungsausführung haben.

Einige Kinder haben von Haus aus einen sehr natürlichen Umgang mit der Musikalität in der Bewegung. Andere bringen diese Fähigkeit nicht mit. Umso wichtiger ist es, diese im Unterricht zu entwickeln. Das geht am besten in spielerischer Form. Diese Fähigkeit muss spontan und ehrlich zum Einsatz kommen und darf nicht gestellt sein. Auch hier ist die Phrasierung ein sehr guter Weg zum Erfolg. Wenn wir phrasieren – ein Wort oder einen ganzen Satz –, dann muss die Stimme die Worte nicht nur im gewollten Rhythmus wiedergeben, sondern auch im entsprechenden Charakter des Bildes vor unserem inneren Auge erklingen: tief, hoch, leise, laut, langgezogen usw. Irgendwann lassen wir die Stimme weg und zurück bleiben der Ausdruck, die Qualität, das Gefühl für die Musikalität in der Bewegung. Die Kinder können sich auf das Wesentliche konzentrieren, auf das Tanzen, auf den Ausdruck, statt ohne Sinn zu zählen.

Rhythmische Phrasierungen sind ein wichtiger Bestandteil meiner Arbeit. Es sind viele einfache Formen der Phrasierung in diesem Buch zu finden, die Sie weiterentwickeln können. Allerdings bleibt hier die Melodie für jede Phrasierung offen. Ich empfehle, damit zu experimentieren, je nach dem gewünschten Charakter der Übungen.

Musik selber machen

CD-Player und ähnliches habe ich aus dem Unterricht mit Kindern so gut wie verbannt. Wenn ich nicht gerade an einem choreografischen Projekt arbeite, wo die Musik festgelegt ist, benutze ich in der Grundschule keine elektronischen Geräte mehr im Unterricht. Ich begleite sie entweder mit einer Trommel, einer Rassel, dem Körper (klatschen, schnipsen, stampfen, auf dem Körper trommeln) oder mit der Stimme. Ich habe früher immer mit Kassetten und später mit CDs gearbeitet. Aber irgendwann war ich es leid, so unglaublich viel Zeit damit zu verbringen, nach guter, geeigneter Musik für den kreativen Tanz mit Kindern und Jugendlichen zu suchen und viel zu selten zu finden. Sehr oft kam es vor, dass ich Kompromisse eingehen musste. Ich war immer wieder gezwungen, meine Übungen an die Musik anzupassen. Das fängt schon damit an, dass es nicht möglich ist, die Länge der Übung nach Bedarf festzulegen. Denn mal ist die Musik zu lang und mal zu kurz. Das kann dazu führen, dass eine Störung im dramaturgischen Verlauf einer Übung stattfindet. Eine Übung hat in einer Musik »aus der Konserve« oft nicht mehr einen klaren Anfang, die gewünschte Entwicklung und ein klares Ende. Ein gutes Ende zu finden, ist meistens besonders schwer. Oft muss ich ausblenden – aber dann muss ich mich rechtzeitig zur Musikanlage bewegen. Oder ich lasse die Musik weiterlaufen, obwohl die Übung schon zu Ende ist, weil ich mich entschieden habe, bis ganz zum Ende der Übung bei den Kindern zu bleiben. Weder das eine noch das andere ist optimal. Die Anpassung von Übungen an die Musik bringen oft so viele Veränderungen mit sich, dass die Übungen unter Umständen nicht mehr präzise ihren Zielen dienen.

Ich merke bei der Benutzung von CDs in meiner Arbeit außerdem, dass ich weniger Freiheit habe, Variationen wie Tempo- oder Dynamikwechsel in die Übungen zu bringen. Überhaupt ist die Bestimmung des genauen Tempos, welches ich für die Übung gerne hätte, mit einer vorgegebenen Musik in der Regel nicht möglich. Dazu kommt noch, dass die Kinder sich an die Musik gewöhnen können, und ich habe den Eindruck gewonnen, dass sie dann gar nicht mehr genau hinhören, wenn ich ein und dasselbe Stück immer und immer wieder einspiele. So kann es passieren, dass eine Musik sie nicht mehr sensibilisiert oder dass sie gar auf diese Musik fixiert sind. Einmal haben wir auf eine Musik das Thema »Hexe« getanzt. Es ist uns gut gelungen, alles hat wunderbar gepasst, guter Rhythmus, klarer Charakter, gute Form und Länge. Die Kinder vergessen so ein Erlebnis nicht, also alles eigentlich wie gewünscht. Nun haben die Kinder diese Musik jedoch immer mit der Hexe verbunden, so dass es schwierig wurde, dieselbe Musik für ein anderes Thema zu nutzen. Man müsste also demzufolge ein sehr großes Musikarchiv haben, um an verschiedenen Themen arbeiten zu können. Es gibt dabei mindestens zwei Probleme: Erstens findet sich leider nicht viel Musik, die für die Arbeit im kreativen Tanz geeignet ist, und zweitens sind CDs verdammt teuer ...

Aus diesen Gründen habe ich mich vor einigen Jahren dazu entschlossen, kreativen Tanz für Kinder und Jugendliche nur mit Livemusik zu unterrichten. Entweder begleite ich die Kinder selbst oder ich habe eine Pianistin oder einen Pianisten dabei. Leider erkennt die Schule im Allgemeinen den Wert eine Musikbegleitung nicht. Es scheint zu teuer und nicht nötig. Auch wenn in der Schule ein Klavier zur Verfügung steht (dies kommt oft vor), ist man nicht bereit, für einen Pianisten oder eine Pianistin zu bezahlen. Ich hatte mir damals aber vorgenommen auszuprobieren, ein ganzes Jahr ohne CD zu arbeiten. Das Experiment bestand nun also darin, meine Tanzstunde selbst musikalisch zu begleiten. Es war am Anfang nicht einfach. Aber ich bin an und mit dieser Aufgabe gewachsen. Nach einem Jahr war klar, dass CD-Player, Laptop, iPod o.ä. keine Chance mehr in meinen Tanzstunden für junge Menschen haben würde, außer für ganz bestimmte Projekte.

Ich habe dadurch als Pädagogin unendlich viel Freiheit in meinem Unterricht gewonnen. Ich kann mit dem Rhythmus spielen. Ich kann Betonungen, Akzentuierungen vorgeben, wie ich es gerade brauche oder wie es den Kindern gerade hilft, Klarheit in der Übung zu finden. Ich muss nicht großartige Musik machen, nicht originell sein, sondern die musikalischen Elemente müssen vor allem einfach bleiben. Ich halte mich zuerst an einen Grundschlag und spiele allmählich immer mehr damit. Immer im Hinblick darauf, was mit den Kindern passiert, wie sie die Aufgabe aufnehmen und bearbeiten. Es geht um einen lebendigen Dialog zwischen ihnen und mir.

Die Musik selbst zu machen, fordert viel Konzentration von mir. Gerade weil ich auf diese Weise viel Freiheit habe, muss ich aufpassen, dass ich Klarheit bewahre und genau weiß, was ich tue. Ich darf mich hinter einem Instrument nicht verstecken. Und ich darf nicht vergessen, dass ich tänzerisch präsent sein muss. Deshalb benutze ich oft kleine Instrumente, mit denen ich mich noch gut bewegen kann. Oder es wird bei einer Übung auch mal nur die Stimme eingesetzt. Je nachdem, wie tanzerfahren die Gruppen sind, kann ich auch mal an einer Trommel sitzen und die Kinder begleiten. Ganz wichtig ist, dass ich, egal welches Instrument ich benutze, mich damit identifiziere und wohlfühle. Lassen Sie sich ruhig Zeit, einem Instrument näher zu kommen.

Sehr interessant ist es zu beobachten, dass die Kinder viel aufmerksamer werden und viel sensibler mit Musik umgehen, wenn wir diese selbst machen. Sie können besser heraushören, worauf es ankommt, und die jeweiligen Aufgaben besser umsetzen. Erstens, weil die eigene Musik genau auf die Übung abgestimmt ist, und zweitens, weil die Kinder selbst mit einwirken, indem sie singen, stampfen, schnipsen usw. Sie nehmen mehr Anteil am Geschehen und dadurch wird für sie verständlicher, was sie zu tun haben. Besonders durch das Singen haben die Kinder einen ganz anderen Bezug zur Bewegung. Sie begreifen und spüren besser, worum es geht. Die ganze Stunde wird konzentrierter, wird runder. Ich muss nicht mehr zur Musikanlage rennen, um CDs zu wechseln oder neue

Musik zu suchen, was erfahrungsgemäß die Konzentration der Kinder empfindlich stört. Je kleiner sie sind, desto schneller verlieren sie ihre Konzentration. Wie oft auch befand ich mich in der Situation, dass ein Abspielgerät nicht funktionierte, wie man will. Schon stehen einem die Haare zu Berge und die Stimmung ist im Keller. Diese ganzen Probleme habe ich nicht mehr. Ich habe meine Stunden buchstäblich in der Hand. Es wird deutlich intensiver mit eigener Musik. Sowohl die Kinder als auch ich sind mehr gefordert.

Ich kann Ihnen nur empfehlen, das auszuprobieren. Vielleicht fragen die Kinder am Anfang nach Musik von CDs, wie sie sie kennen. Das legt sich aber nach kurzer Zeit wieder. Und die Kinder, die Ihren Unterricht von Anfang an mit ausschließlich selbstgemachter Musik kennengelernt haben, werden gar nicht erst danach fragen.

Was brauchen Übungen, um zu gelingen?

Ich möchte das Bewusstsein und die Präzision im Tanz der Kinder und Jugendlichen fördern. Dafür muss ich sie überzeugen und ihr Interesse gewinnen. Und sie müssen verstehen, was sie tun bzw. was sie tun sollen und können. Um das zu gewährleisten, muss natürlich ich als erste den Sinn dessen verstehen, was ich mache und wissen, wie ich mit den Kindern tanzen will.

Meistens ist man als PädagogIn nach einer Fortbildung motiviert und voller neuer Ideen für Übungen, vor allem aber abgefüllt mit »fertigen Übungen«, die man vorgestellt bekommen hat und die den TeilnehmerInnen auch hinterher zur freien Verfügung stehen. In der eigenen Unterrichtspraxis setzt dann oft die Enttäuschung ein: Wie kommt es, dass die Übungen, die in der Fortbildung so toll waren, einem auf einmal nicht gelingen wollen? Dabei hat man sich das alles sehr genau gemerkt und aufgeschrieben. Die Übungen haben sich doch nicht verändert ... Das Problem ist, dass die vermittelnde Person sie verkörpern, sie zu ihrer eigenen machen muss, sonst kann es nicht funktionieren. Wenn Sie eine Übung verstanden und verkörpert haben, können Sie diese genau so benutzen, wie Sie es gelernt haben. Aber vielleicht ist die Übung zwar prinzipiell gut, nur ist sie nicht ganz *Ihre*. Ich kann Ihnen in diesem Fall nur empfehlen, sich damit auseinanderzusetzen, die in der Fortbildung gelernte Übung mehrere Male durchzugehen und sie dann beiseitezulegen. Es bleibt eine Erinnerung von der Übung, und mit dieser Erinnerung können sie dann arbeiten, die Übung verändern und neu gestalten. Das ist ein Weg, um zu *Ihrer* Übung zu kommen.

Aber auch eigene Übungen funktionieren oft nicht. Aus meiner Erfahrung und der Beobachtung in meinen Fortbildungen weiß ich, dass es oft daran liegt, dass grundlegende Regeln vergessen oder ignoriert werden oder gar nicht erst bekannt sind. Ich habe mir eine Checkliste mit Aspekten erstellt, die für mich unerlässlich sind für eine gute Vorbereitung. Der Schwerpunkt einer Stunde kann immer neu sein. Mal ist es der Raum, mal die Zeit, mal die Partnerarbeit usw. (die Reihenfolge dieser Punkte ist hier nicht entscheidend):

- Raum
- Rhythmus/Zeit
- Dynamik
- Form
- Spielidee
- Einzeln, zu zweit oder in der Gruppe
- Technik
- Improvisation
- Verkörperung und Authentizität
- Sinn

Für erfolgreiche Tanzübungen müssen außerdem folgende Punkte berücksichtigt werden:

- Länge der Übung
- Wertschätzung von Übergängen
- Ansagen machen, denn nichts ist selbstverständlich

Diese letzten drei Punkte sind nicht weniger wichtig als die davor genannten. Nur wurden sie, mit Ausnahme von »Länge der Übung« bisher noch nicht so ausführlich behandelt wie die anderen, was ich nun nachholen möchte.

Länge der Übung

Auch wenn ich in diesem Buch im Kapitel »Unterrichtsdramaturgie« (ab S. 67 ff.) schon über die Länge von Übungen geschrieben habe, möchte ich an dieser Stelle weiter an diesem Thema arbeiten. Wir haben oft die Tendenz, zu viel zu machen. Dies ist einer der häufigsten Fehler bei der Gestaltung und Ansage von Übungen. Lange Übungen sind sowohl für die Kinder als auch für die leitende Person anstrengend. Sie ermüden alle Beteiligten und die Konzentration schwankt.

Eine Tanzübung ist lediglich eine Tanzaufgabe, und nicht gleich eine ganze Choreografie. Besonders für Kinder in der Grundschule ist es effizienter, kurze Übungen zu gestalten, die einfach und eindeutig zu verstehen sind. Im Verlauf zu langer Übungen weiß irgendwann niemand mehr, was am Anfang war und was noch kommt. Die Übungen verlieren ihren Sinn und ihre Qualität, denn die Kinder werden nur damit beschäftigt sein, sie zu verstehen oder die Reihenfolge hinzubekommen. Das gilt übrigens auch für Erwachsene. Besser ist, anhand einer einfachen, kurzen Übung Möglichkeiten der Variation anzubieten.

Sind die Kinder älter und können sich schon mehr merken, können und sollten wir Tanzfolgen gestalten, die etwas länger sind. Allerdings kann die Übung in mehrere Teile aufgeteilt werden, die wir nacheinander vermitteln und bearbeiten. Mal in nur einer Stunde und ein anderes Mal auch über mehrere Stunden hinweg. Dies ist auch bei Erwachsenen eine sehr bewährte Methode. Nachdem die Kinder eine kurze Tanzfolge gelernt haben, kommt, wenn diese gut sitzt (Reihenfolge, Bewegungsqualität, Musikalität), ein neuer Teil, und schon sind sie motiviert, das Alte mit dem Neuen zu verbinden. Dabei haben sie das Gefühl von Sicherheit, weil sie den ersten Teil schon gut kennen, und etwas Neues, woran sie arbeiten können. So kann man allmählich zu einer langen Tanzschrittkombination kommen. Das erleichtert den Prozess sehr, erhöht die Motivation und die Qualität.

Übergange wertschätzen

Übergänge werden oft völlig unterschätzt oder sogar regelrecht ignoriert. Dabei sind sie entscheidend für den Erfolg einer Tanzfolge, einer Tanzübung, egal wie kurz oder lang sie sind. Wenn die Übergänge fehlen oder unklar sind, wird der ganze Verlauf negativ beeinflusst. Man verliert den Rhythmus, steht vielleicht auf dem falschen Fuß, die Richtung stimmt nicht oder ähnliches. Darum sollten wir den Übergängen ausreichend Zeit widmen, so dass sie spürbar und klar werden, egal ob sie frei zu gestalten oder festgelegt sind. Es kann sehr frustrierend sein, ständig einen Hänger zu haben, verspätet oder zu früh zu agieren. Die Hauptteile werden so oft geübt und klappen dann trotzdem nicht ... weil eben die Übergänge genauso geübt werden und gut sitzen müssen wie die Hauptteile, auch wenn sie bespielsweise nur aus einer Bewegung bestehen. Es reicht nicht zu wissen, dass ich vier Schritte in einer bestimmten Zeit bis zu meiner neuen Position zu machen habe, entscheidend ist, *wie* ich diese vier Schritte zu machen habe. Wenn sie frei zu gestalten sind, muss klar sein, was die Aufgabe ist, und wenn sie nicht frei zu gestalten sind, muss klar sein, welche Form, welchen Rhythmus, welche Richtung sie haben.

Ausführliche Ansagen machen

Nichts ist selbstverständlich! Das ist für mich ein wichtiger Gedanke für die Ansagen im Unterricht. Ich lasse nichts weg. Ich versuche, eine chronologische Struktur zu haben und nicht hin und her zu springen. Sind der Raum, die Zeit, die Dynamik und die Form klar? Auch wenn diese frei zu gestalten sind – ist allen klar, wie das gehen soll? Ich achte darauf, dass alle Kinder mich hören und sehen können. Indem ich den Kindern entsprechende Fragen stelle, lasse ich sie die Ansage bzw. Aufgabenstellung wiederholen. Gelegentliche

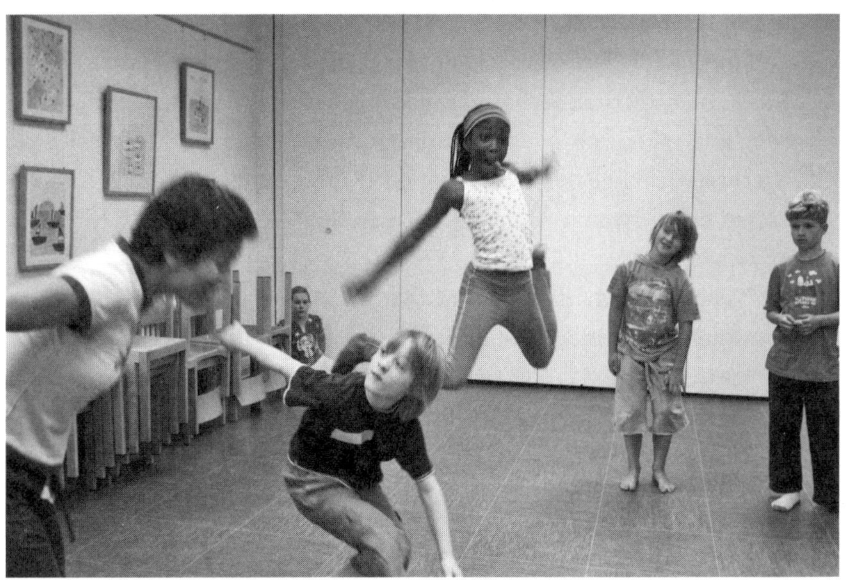

Wie geht noch mal der Sprung? Projektwoche mit Drittklässlern, Duisburg 2010

willkürliche Fragen an die Kinder im weiteren Verlauf der Stunde stellen sicher, dass sie genau wissen, was sie zu tun haben. Jedes Kind kann jederzeit drankommen. Dabei geht es nicht um »Terror«, sondern darum, sie zu motivieren, ihnen die Chance zu geben, sich über die Aufgaben und deren Ausführung klarer zu werden.

Was sehr oft in den Ansagen vergessen wird ist, wie und wann genau eine Übung beginnt und endet. Wo befinden sich die Kinder jeweils? Gibt es eine Anfangsposition? Wie soll sie aussehen? Wann genau sollen sie anfangen, sich zu bewegen? Wenn es eine Musikbegleitung gibt: Sollen sie zusammen mit der Musik loslegen oder noch warten? Und wenn ja, wie lange? Können sie selbst entscheiden, wann sie anfangen? All das gilt für das Ende genauso. Eine klare Definition dessen, woran gearbeitet wird, ist fundamental. Ansagen wie: »Tanzt *schön* auf die Musik«, »tanzt jetzt traurig«, »ihr könnt die Arme so bewegen, wie ihr es passend findet«, »wie eine Katze sollt ihr jetzt tanzen«, »sei einfach du selbst« oder »ihr könnt tanzen, was ihr wollt, es ist egal« sind sehr oberflächlich, sie sagen alles und nichts. Ich darf nicht davon ausgehen, dass irgendetwas für die Kinder selbstverständlich ist – zumal wenn sie noch nicht viel Erfahrung im Tanzen haben. Ich muss die Gratwanderung machen, so viel Klarheit wie möglich zu schaffen und gleichzeitig nicht zu lange und zu viel reden (womit ich nämlich genau das Gegenteil von Klarheit erreichen könnte ...).

Neulich sprach ich mit einer Kollegin darüber, wie interessant die Erfahrung ist, dass eine Stunde uns das eine Mal sehr gut gelingt und die gleiche Stunde direkt im Anschluss mit einer anderen Gruppe wiederum nicht so gut läuft. Selbstverständlich sind die Gruppen unterschiedlich und die Stunden werden immer verschieden verlaufen. Die Ursache für das Scheitern der zweiten Stunde hat vielleicht mehr damit zu tun, dass ich als Lehrperson etwas nachgelassen habe. Gerade durch den Erfolg der vorherigen Stunde behandle ich manche Dinge eben als selbstverständlich. Schon werde ich ungenauer, als ich es vorher war. Es ist wie bei einer Tanzvorstellung: Bei der Premiere sind alle hochkonzentriert, und in der zweiten Aufführung lässt in der Regel die Spannung etwas nach. Es ist aber wichtig, die Spannung aufrechtzuerhalten.

Ich persönlich lege sehr viel Wert darauf, *auf den Punkt* vorbereitet zu sein. Die Erfahrung, die ich immer wieder mache, ist, dass wenn ich meine Vorbereitung irgendwo vernachlässige, mir die Stunde nicht wie geplant und vor allem gewünscht gelingt. Bin ich jedoch exakt vorbereitet, empfinde ich eine Sicherheit, die es mir ermöglicht, sogar spontan große Veränderungen hineinzubringen, die mir dann gerade einfallen und uns näher an unsere Ziele führen. Als leitende Person ist man aufnahmefähiger für die Impulse, die entstehen können, und kann flexibel reagieren. Meine Sicherheit überträgt sich auch auf die Kinder. Nur so können sie bewusst teilnehmen. Die Übungen bleiben lebendig. Ich bin nicht gefangen in meinem Plan oder meiner Struktur, nein, sie gewähren mir vielmehr Freiheit.

Das Gegenteil ist der Fall bei einer schlechten Vorbereitung. Dann empfinde ich oft einen Zustand der Lähmung: Was jetzt tun? Ganz zu schweigen von der Frustration, die bei allen Beteiligten entsteht. Natürlich, als erfahrene Pädagogin kann ich meine Stunde »retten«, aber ich brauche mir nichts vorzumachen – eine »Rettung« ist nur notwendig, wenn zuvor etwas schiefgelaufen ist. Es bleibt mir nur übrig, die Stunde zu analysieren und zu versuchen, sie eben durch gründliche Vorbereitung zu verbessern.

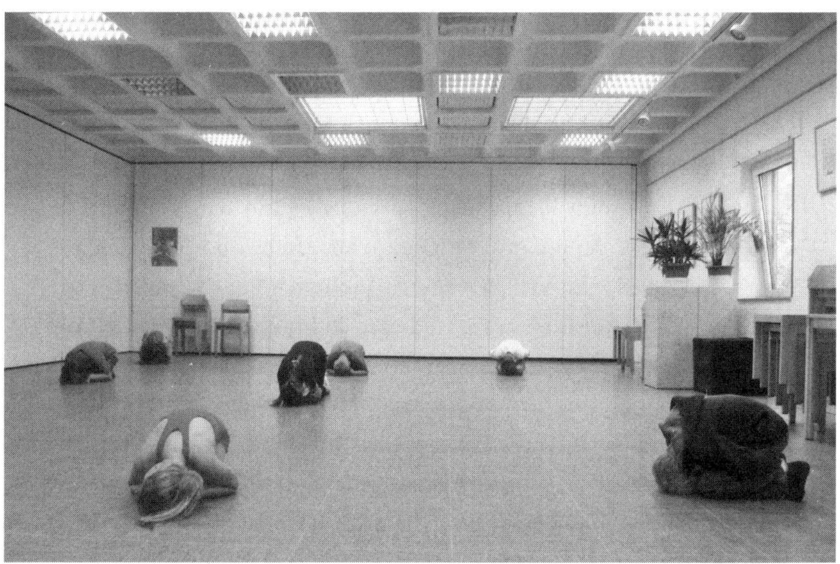

Alle bereit! Projektwoche mit Viertklässlern, Duisburg 2011

Arbeit ohne Requisiten – die kommunikative Kraft des Körpers

In meinem Unterricht – und übrigens auch in meinen eigenen künstlerischen Bühnenarbeiten – benutze und benötige ich vorzugsweise keine Hilfsmittel und Requisiten wie Reifen, Seile, Tücher, Bälle usw. Ich suche die Reduktion von Materialien zugunsten des puren Bewegungsausdrucks, der mich vor allem interessiert. Die Kinder können lernen, allein mit ihrem Körper, rein tänzerisch zu gestalten. Sie sollen die Kraft der Kommunikation des Körpers erfahren. Die Benutzung von Materialien wie den oben genannten lenkt den Fokus von der eigentlichen körperlich-tänzerischen Aktion ab. Wenn die Kinder sich jedoch stattdessen z. B. ein Tuch in Bewegung *vorstellen*, ein Bild dafür in ihrem Kopf entstehen lassen, kann dies die Fantasie enorm anregen, denn damit fangen sie an, dieses Bild zu verinnerlichen. Das wiederum löst Bewegungsqualitäten aus. Wenn ich aber das Tuch als Requisit benutze, ist es da, ich brauche es mir nicht vorzustellen; die Impulse zur Bewegung werden stark mit den Möglichkeiten verbunden sein, die das Tuch bietet, und sich darin auch schon erschöpfen. Natürlich kann man mit Objekten kreativ arbeiten. Es ist jedoch ein Unterschied, ob meine tänzerische Kreativität von innen oder von außen bestimmt wird. Ich bin der Meinung, dass die Kinder ihr Körperbewusstsein, ihre Bewegungsqualitäten und ihr Bewusstsein für den Raum und die Zeit ohne Hilfsmittel differenzierter und tiefer erfahren können.

Ich gebe folgende Aufgabe: Die Kinder sollen am Platz mit einem Dreierschritt auf die Musik tanzen. Der Schritt läuft ununterbrochen so:

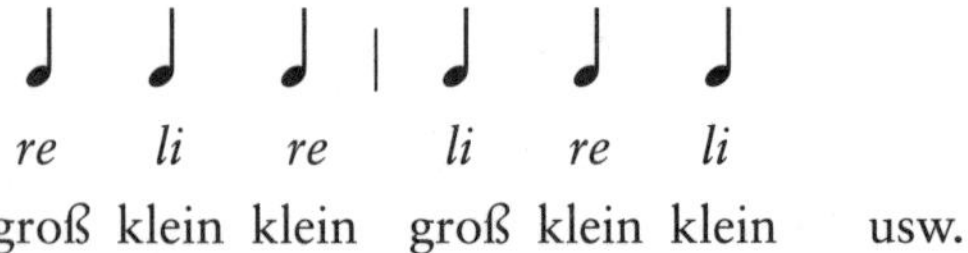

Die Schritte können vor-, seit- und rückwärts gemacht werden. Die Kinder bleiben zwar am Platz, aber sie dürfen immer wieder die Front verändern. Sie sollen sich vorstellen, dass die Arme wie sehr lange Tücher sind. Die Tücher beginnen an den Schulterblättern und gehen weit über die Hände hinaus, so lang sind sie. Jedes Mal, wenn die Kinder den großen Schritt machen, sollen sie die Arme/Tücher schwingen. Die Tücher sind sehr fein und weich, aber durch ihre Länge auch etwas schwer. Wir lassen die Arme/Tücher beim Schwung unabhängig voneinander in alle Richtungen fliegen. Und da es sich eben um Tücher handelt, wird die Bewegung nie steif. Nach dem Schwung lässt man die Bewegung der Arme bewusst fließend ausklingen. Dafür kann man ein langsameres oder ein schnelleres Tempo nehmen oder auch innerhalb der Übung das Tempo verändern, so dass die Kinder entsprechend darauf reagieren müssen.

Wenn die Kinder mit echten Tüchern tanzen, haben sie nicht die Möglichkeit, ihre eigene Qualität in die Bewegung zu bringen. Ohne Tücher können sie hingegen die Bewegungsqualität bestimmen und entwickeln dadurch mehr Körperbewusstsein. Habe ich die echten Tücher in den Händen, wird es schwierig, die Bewegung in die Arme und noch tiefer in den Körper zu übertragen, obwohl das mein eigentliches Ziel ist, weil der Fokus eben auf die Hände und Tücher abgelenkt ist. Es ist ein bisschen wie im Traum. Im Traum ist vieles möglich, was es im wirklichen Leben nicht gibt. Genau so begreife ich unsere Tanzstunde. Sie gibt mir unendliche Möglichkeiten, die ich in der Wirklichkeit nicht habe. Ob es ums Fliegen geht oder darum, unter Wasser atmen zu können ... all das ist, in der Tanzstunde wie im Traum, möglich. Und so besitzen übrigens auch meine imaginären Tücher noch mehr Freiheit in ihrem Können als echte Tücher. Beispielsweise können sie sich wie in Zeitlupe bewegen, denn in meiner Vorstellung ist auch das Unmögliche möglich.

Wenn ich allerdings einen Auftrag habe, eine Choreografie in einer Schule oder anderswo zu machen, und hierfür unbedingt Requisiten benutzt werden sollen – kein Problem: Beim Gestalten eines Stückes bin ich offen dafür, mit Objekten zu arbeiten. Allerdings unter der Voraussetzung, dass es wirklich sein *muss*, wenn beispielsweise in einem Theaterstück ein für die Handlung notwendiges Objekt/Requisit in derjenigen Szene vorkommt, in der die Kinder tanzen sollen. Ich arbeite dann so, dass wir in den Proben immer wieder mal ohne das Objekt tanzen, um bewusster mit der Bewegung umzugehen. So entgehen wir der Gefahr, dass die Kinder nur »Objekt-Transporteure« sind oder dass der Tanz völlig überflüssig oder zur Nebensache wird. Gerade die Kinder, die es gewohnt sind, sich sehr auf die Bewegung zu konzentrieren, haben das Körperbewusstsein und können dann, wenn es nötig ist, sehr gut mit Requisiten tanzen, weil sie eben den Fokus auf die Bewegung nicht verlieren. Anders herum besteht die Gefahr, dass die Konzentration ganz auf das Objekt gelenkt wird und die Kinder nur besorgt und beschäftigt sind, mit diesem zu hantieren. Das Objekt wird dann zu dominant. Uns geht es aber um das Tanzen und nicht um die Bewegung von Objekten.

Ein anderes Beispiel sind Reifen, die gerne auf den Boden gelegt werden, damit die Kinder beispielsweise vom einen zum anderen springen. Da sind sie allerdings mehr damit beschäftigt, den inneren Raum der Reifen nicht zu verfehlen, als dass sie tänzerische Qualität aufbringen könnten. Das ist eine reine Bewegungsaufgabe und gehört in den Sportunterricht, nicht aber in die Tanzstunde. Es ist wichtig, Bewegungs- und Tanzaufgaben zu unterscheiden. Ob mit oder ohne Requisiten/Objekte, ich kann nur Folgendes empfehlen: Fragen Sie sich immer, ob das, was Sie vorhaben, wirklich in die Tanzstunde gehört. Wenn Sie das mit ja beantworten, dann machen Sie es.

Beispiele für 45-minütige Tanzstunden in der Schule

Für Kinder im 1. und 2. Schuljahr

Rhythmus: 4/4-Takt
Tempo: moderato
Bewegungsqualitäten: Spannung und Entspannung
Form: Streckung und Beugung ganzkörperlich, Adduktion und Abduktion der Arme und Beine
Spielidee: Für diese Beispielstunde verwende ich die im Kapitel »Unterrichtsdramaturgie« geschilderten Bilder aus der Geschichte »Die Uhren« (S. 67 ff.).

1. Begrüßung – im Kreis

Dynamik: ganzkörperlich *staccato*
Phrasierung:

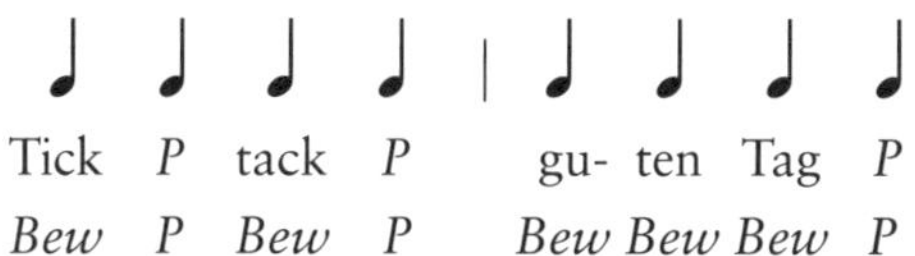

Die Kinder stehen alle im Kreis und sollen sich bei jedem Wort, bzw. bei jeder Silbe ganzkörperlich *staccato* bewegen. In den Pausen bleiben sie wie eingefroren stehen.

2. Die strenge Uhr – Gehen im Kreis

Dynamik: ganzkörperlich *staccato*
Phrasierung:

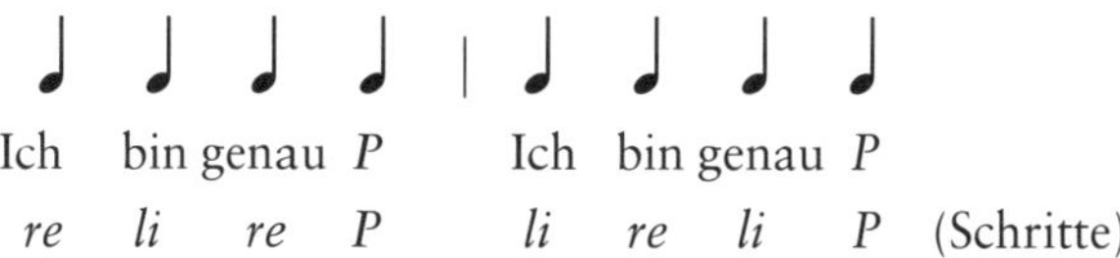

Jedes Wort steht für einen Grundschlag; »genau« wird kurz auf einen Schlag zusammengezogen. Spannungsvoll im Kreis hintereinander gehen. Die Arme dürfen gebeugt und gestreckt werden und sollen immer klare und strenge Linien haben. Nach »genau« ist immer eine Pause.

3. Die lockere Uhr – Gehen im Kreis, diesmal in die andere Richtung
Phrasierung:

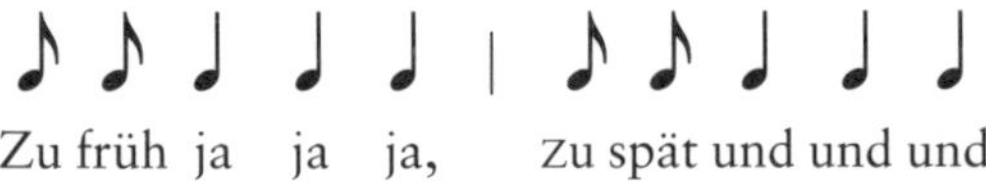

Bei »zu früh« und »zu spät« sollen die Kinder zwei kurze Schritte machen. Bei »ja ja ja« sowie »und und und« sollen sie lässig das Becken (Körperteil kann variiert werden) bewegen. Etwa ab Ende des 2. Schuljahres können sie im Kreis vor-, rück- oder seitwärts

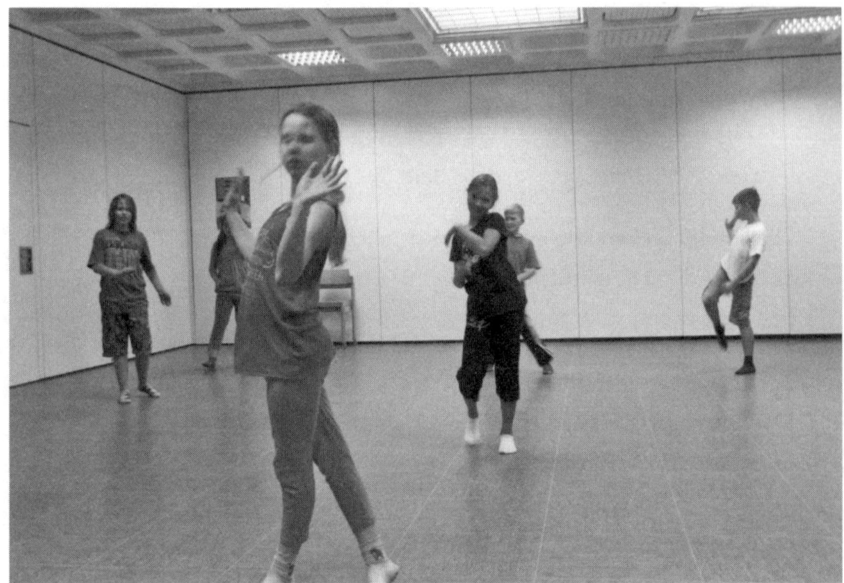

Projektwoche mit Viertklässlern, Duisburg 2011

gehen, dürfen allerdings die Richtung der Fortbewegung niemals ändern, damit der Kreis laufen kann und nicht unterbrochen wird.

Wenn die Kinder später die Übung »Lockere Uhr« frei im Raum tanzen, können sie selbst bestimmen ob, wann und wie lange sie eine Pause machen, das heißt, ob, wann und wie lange die Uhr mal stehenbleibt. Bei »zu früh« und »zu spät« kann die Zahl der Schritte ebenfalls frei variiert werden.

4. Die strenge Uhr – Übung im Sitzen

Beine und Oberkörper bleiben lang. Die Füße werden abwechselnd gebeugt und gestreckt. Die Arme werden lang über die Seite hoch und wieder hinunter bewegt. Vier Bewegungen nach oben und vier nach unten. Immer nur auf 1 und 3 bewegen, auf 2 und 4 ist Pause.

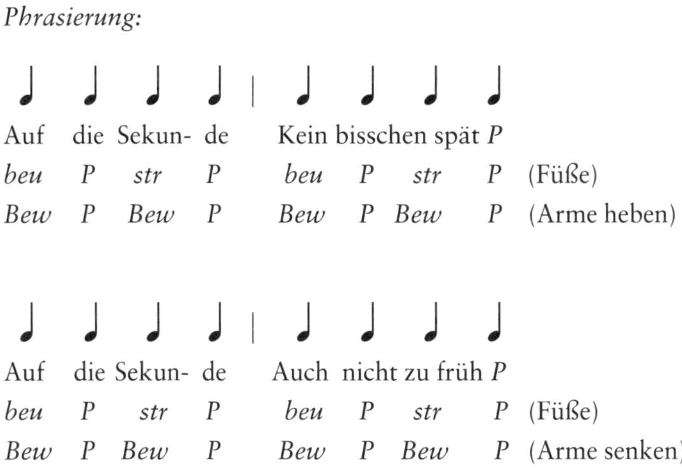

»Sekunde« singen wir auf zwei Grundschläge; »bisschen« und »zu früh« wird jeweils kurz auf einen Schlag zusammengezogen.

5. Der Wecker – Übung im Sitzen

Die Füße sind zusammen, parallel und aufgestellt. Der Oberkörper wird leicht nach hinten geneigt. Die Beine werden im Wechsel lang in die Luft gestreckt und wieder angewinkelt. Dabei machen die Arme das Gleiche wie bei der vorherigen Übung. In dem Fall gibt es vier Bewegungen der Arme nach oben und nur zwei nach unten, denn im letzten Takt wird der ganze Körper ausgeschüttelt und die Anfangsposition wieder eingenommen (der Wecker klingelt und bekommt eine gehauen).

Phrasierung:

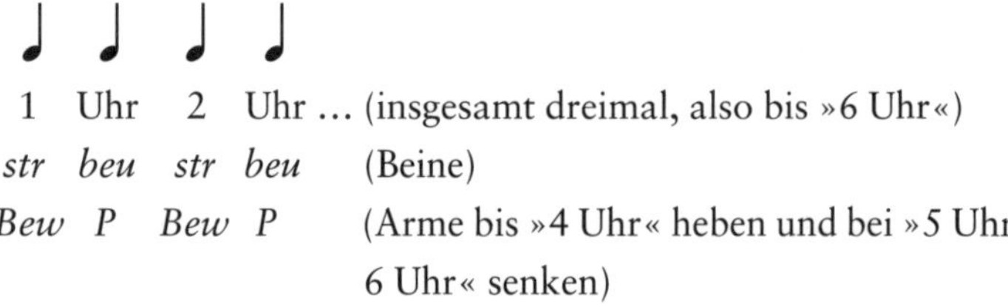

1	Uhr	2	Uhr …	(insgesamt dreimal, also bis »6 Uhr«)
str	*beu*	*str*	*beu*	(Beine)
Bew	*P*	*Bew*	*P*	(Arme bis »4 Uhr« heben und bei »5 Uhr, 6 Uhr« senken)

♪♪♪♪ ♪♪♪♪ ♩ ♩ (einmal)
Trrrrrrrrrriiiiiiim Au- a!

Wir schütteln uns aus und finden zurück in die Anfangsposition.

6. Der Wecker – Übung im Stehen, frei im Raum

Der Wecker spielt verrückt. Er läuft unkontrolliert durch den Raum, immer wieder mit Richtungswechseln. Die Kinder gehen und/oder laufen mit unkontrollierten Bewegungen. Immer wieder und unberechenbar haben sie »Klingel-Attacken«, wobei mal nur ein Körperteil und mal der ganze Körper ausgeschüttelt wird.

7. Lockere und strenge Uhr – Partnerarbeit

Raumweg: gerade Linien

Die zwei Kinder gehen aus den beiden Ecken der hinteren Wand des Raumes in einer Diagonale aufeinander zu. Sie treffen sich ca. in der

Mitte des Raumes, wo sie sich wenden, so dass sie von diesem Punkt aus zusammen eine gerade Linie nach vorne gehen. Es sind dies die beiden Uhren, die sich treffen, um den Cousin Wecker besuchen zu gehen.

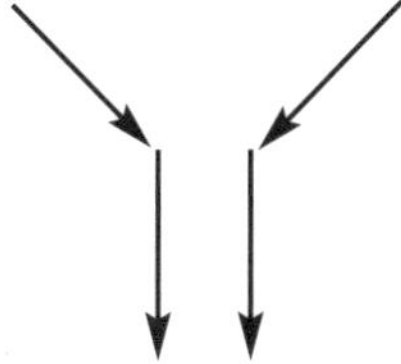

Eines der Kinder verkörpert die strengere Uhr, das andere Kind die lockere. Die strenge geht ununterbrochen immer geradeaus und gleichmäßig, voller Spannung. Die lockere geht sehr entspannt, mal vor-, rück- oder seitwärts. Sie bleibt auch mal stehen, eben so, wie man sie kennt. Allerdings muss die lockere Uhr unbedingt darauf achten, dass sie die strenge Uhr in der Mitte trifft. Wenn sie sich also manchmal langsamer bewegt und »trödelt«, muss sie sich irgend-

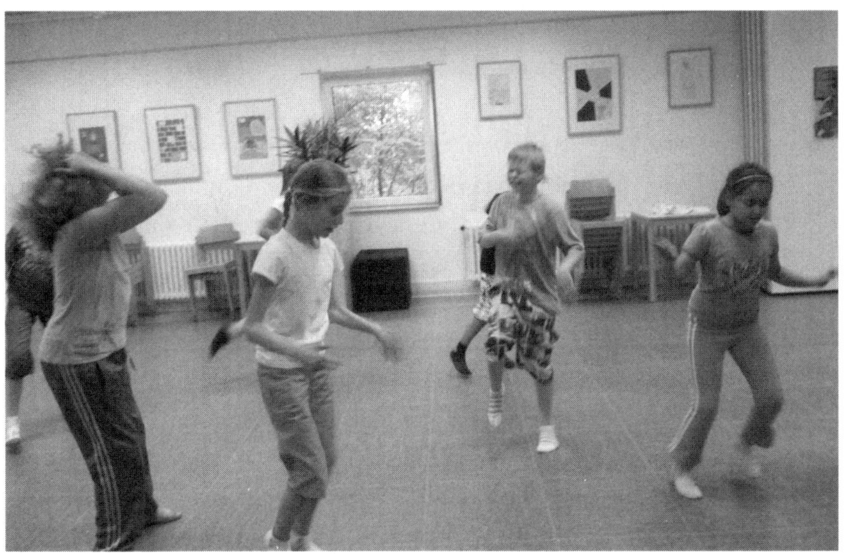

Projektwoche mit Viertklässlern, Duisburg 2011

wann auch etwas beeilen und die verlorene Zeit quasi wieder aufholen.

Die Übung sollte wenigstens zweimal gemacht werden, damit die Kinder beide »Rollen« einnehmen können.

8. Endimprovisation

Die Kinder bekommen nun die Möglichkeit, tänzerisch frei mit den drei Figuren zu spielen: mit der Strenge der einen Uhr, mit der Lockerheit der zweiten sowie mit dem etwas derangierten Wecker mit seinen unkontrollierten Klingelanfällen. Jedes Kind bestimmt für sich, wann welche Figur in Aktion ist.

Für Kinder im 3. und 4. Schuljahr

Bewegungsqualität: schnell/langsam und Enge/Weite
Rhythmus: 4/4-Takt
Raum: Kreis, Diagonale, Raumebenen und frei im Raum
Form in der Bewegung: gerade und runde Linien verbunden mit Aus- und Eindrehen der Arme
Spielidee:
Wertvolle Edelmetalle werden zu kostbaren Schmuckstücken verarbeitet und auf der ganzen Welt präsentiert. Später versuchen sie, aus den Vitrinen, in denen sie ausgestellt sind, zu entkommen.

1. Begrüßung im Kreis – eng und weit

Die Kinder sollen sich mal in Zeitlupe und mal in Zeitraffer bewegen. Zuerst werden nur bestimmte Körperteile bewegt, dann wird die Übung ganzkörperlich ausgeführt.

Bei den langsamen Bewegungen wird ein einziges sehr langgezogenes und etwas verzerrtes »Hallo« gesprochen. Bei den schnelleren Bewegungen sagen wir dreimal nacheinander »Hallo«, danach ist immer eine Pause. Dabei lassen wir den Kreis immer wieder eng und weit werden.

Nur die Stimme begleitet die Übung.

2. Helle Strahlen – Gehen/Laufen/Stehen im Kreis

Die Kinder bilden hintereinander stehend einen Kreis. Sie sollen nun genauso schnell im Kreis laufen wie ich (ohne Tempowechsel!) trommele: Die Füße machen kleine und schnelle Schritte.

Dabei bewegen sich die Arme und Hände wie Strahlen, die von dem besonderen Edelmetall ausgehen. Sie strahlen in alle Richtungen, so schnell und intensiv sie nur können: Arme und Hände werden schnell, lang und gerade bewegt. Die Arme bewegen sich abwechselnd.

In gleichmäßigen Abständen ist eine Pause zu machen, wo die Kinder in der jeweiligen Haltung wie eingefroren stehen bleiben. Die Pausen werden von mir in regelmäßigen Abständen mit der Trommel angezeigt, so dass die Kinder nach einer gewissen Zeit genau wissen, wann sie kommen.

Anschließend wird die Übung wiederholt, indem wir den Kreis in die andere Richtung laufen.

3. Helle Strahlen – frei im Raum

Die Bewegungsaufgabe und Spielidee bleiben wie gehabt, nur bestimmen jetzt die Kinder – jedes für sich allein – wo sie sich entlangbewegen. Kurven, gerade Linien, vor-, rück-, seitwärts …

4. Helle Strahlen – am Platz

Wir behalten die Bewegungsaufgabe bei. Es wird am Platz getanzt. Während der Trommelpausen sollen die Kinder diesmal jedoch nicht »einfrieren«, sondern sich sehr langsam bewegen.

Das Bild für das langsame Bewegen in der Trommelpause:

> Jedes Mal, wenn die Edelmetallteile in alle Richtungen gestrahlt haben, wird der Raum beleuchtet (Trommelpause). Wenn wir genau beobachten, wie ein Licht angeht, stellen wir fest, dass es sehr schnell ist. Wie unsere Strahlen. Während das Licht aber an ist, können wir die Bewegung des Lichtes mit bloßem Auge nicht sehen, nicht merken. Es ist so, als ob das Licht anhalten würde. Aber das Licht ist in Bewegung. Genauso unmerklich sollen wir uns dann bewegen. Zu diesem Zweck werden wir sehr langsam. Die Bewegungen müssen riesig sein, denn wir wollen – immer in den Trommelpausen – den ganzen Raum beleuchten.

Die Füße machen kleinere schnellere Schritte. Arme und Hände werden schnell, lang und gerade bewegt. Die Arme bewegen sich abwechselnd. In der Pause machen wir mit dem ganzen Körper sehr große und langsame Bewegungen.

Die Kinder müssen genau auf mein Trommeln hören. Ich gebe eine immer wiederkehrende, klare und gleichmäßige musikalische Phrase vor. Die Pause wird in dieser Übung länger als bei den vorherigen Übungen gehalten.

5. Helle Strahlen – aus der Diagonalen

Die Bewegungsaufgabe bleibt wie bei der vorherigen Übung, nur dass die Kinder jetzt eine Diagonale als Raumweg haben. Sowohl beim schnelleren wie beim langsamen Teil sollen sie sich in dieser fortbewegen. Mal alleine, mal zu zweit.

Ein Bild dafür:

> Die Edelmetallstücke werden nun zu einer Goldschmiede transportiert. Ihr bewegt euch von einer Ecke in die andere, aber nicht vergessen: Ihr wollt die Strahlen und das Licht in *alle* Richtungen des Weges bringen, von unten bis oben, von vorne bis hinten!

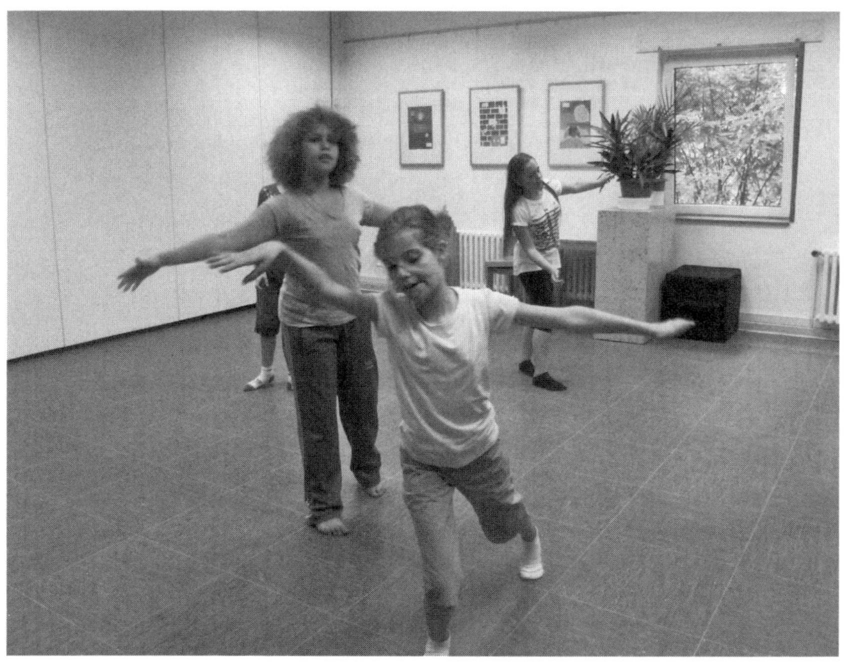

Projektwoche mit Viertklässlern, Duisburg 2011

6. In der Goldschmiede – Übung im Kreis sitzend

Die Beine sind zuerst lang und parallel, der Oberkörper ist ebenfalls lang. Arme und Hände sind entspannt am Körper. Die Knie und Füße beugen und strecken sich viermal innerhalb von vier Takten. Die Fersen bleiben immer am Boden.

Danach sollen die Kinder insgesamt drei verschiedene neue Posen blitzartig einnehmen, von denen jede zwei Takte lang gehalten wird. Hierbei darf nur der Po und entweder ein Fuß oder eine Hand auf dem Boden bleiben. Sonst sind alle Körperteile in der Luft. Die Arme und Beine dürfen entweder nur gerade oder nur rund sein.

Danach »leuchten« die Kinder sechs Schläge lang mit langsamen Bewegungen und kehren anschließend innerhalb von zwei Schlägen zur Anfangsposition zurück.

Das Bild dazu:

Das Edelmetall, das wir eben transportiert haben, war für eine Goldschmiede bestimmt. Und nicht irgendeine, sondern für die beste dieser Welt. Dort werden nur Unikate gestaltet. Von jedem Schmuckstück gibt es immer nur ein einziges auf der ganzen Welt. Erst machen wir den Ofen heiß, in dem das Metall verarbeitet wird. Dann entsteht blitzschnell ein Schmuckstück. Die Stücke sind so fein, dass nur der Po auf dem Boden bleiben darf – mit Unterstützung entweder einer Hand oder einem Fuß. Immer, wenn eines fertig ist, scheint für einen Moment die Welt still zu stehen, alle Aufmerksamkeit liegt auf dem neuen Stück, das kurz bewundert wird. In diesem Moment bewegen sich nur die Strahlen, die von dem Metall ausgehen, ganz langsam. Aber schon gleich sind wir alle wieder bereit, um mit dem nächsten Stück anzufangen, denn die Nachfrage nach dem kostbaren Schmuck ist groß.

Phrasierung:

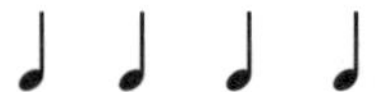

Heiß, ui! wer- den (viermal; Beugen der Knie und Füße bei »Heiß, ui!«, Strecken bei »wer-den«)

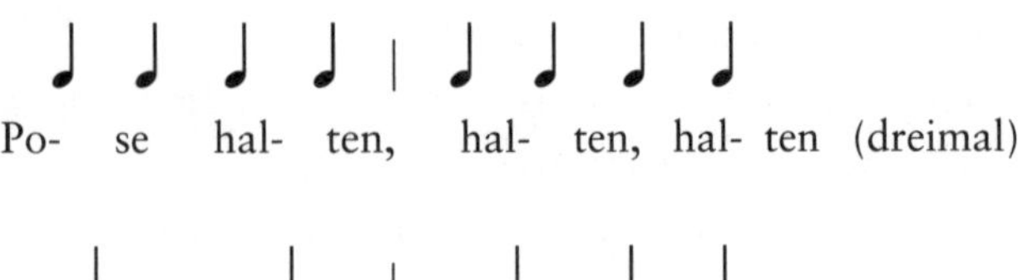

Po- se hal- ten, hal- ten, hal- ten (dreimal)

Leuchten, Leuchten, Leuchten und bereit (einmal; langsame Bewegung bei »Leuchten«, zurück an die Anfangsposition bei »und bereit«.

7. Übergabe der Schmuckstücke – Schritt-Sprung-Kombination

Die Füße stehen parallel und zusammen, die Hände sind in die Hüften gestützt. Wir machen am Platz drei Laufschritte auf der Stelle (drei Schläge), danach (auf den vierten Schlag) folgt ein Sprung von einem Fuß auf zwei, dabei in die Hände klatschen. Das Ganze machen wir vier Takte lang.

Danach sollen sich die Kinder mit den drei Laufschritten und dem Sprung in eine Richtung fortbewegen, die sie selbst bestimmen. Auch dies wieder viermal hintereinander. Ein Richtungswechsel innerhalb der vier Takt ist möglich!

Nach dem vierten Takt sollen sie, mit den Füßen parallel und zusammen, stehen bleiben und sich sehr lang machen, als ob die Köpfe durch die Zimmerdecke rausgucken wollen (dieses Bild dient der Streckung des Rückens). Dabei wollen die Schultern zu den Füßen, so dass der Hals sehr lang wird. Für das Langmachen haben wir zwei Takte Zeit.

Dann werden beide Hände mit langestreckten Armen langsam vor dem Körper mit den Handflächen nach oben aneinandergebracht. Auch hierfür haben wir zwei Takte Zeit.

Dann fangen wir wieder von vorne an. Für diese nächsten vier Takte, in denen sich die Kinder durch den Raum bewegen, dürfen sie eine neue Richtung wählen.

Das Bild für die Fortbewegung sowie für das Langwerden und Nachvornebringen der Hände in der Bewegungspause:

> Die Schmuckstücke werden auf die ganze Welt verteilt. In der Pause ist der Moment, wo das eine Stück bei einem Juwelier ganz vorsichtig und sehr hochachtungsvoll abgegeben wird. Und rechtzeitig geht es schnell wieder weiter. Denn wir haben viel zu tun.

Phrasierung bei der Fortbewegung:

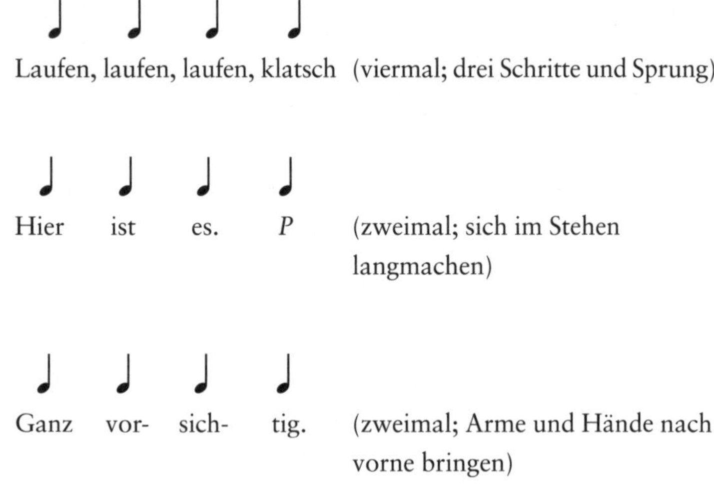

8. Verwandlungen – am Platz und im Raum verteilt

Die Kinder sollen sich im Raum verteilt hinsetzen. Sie suchen sich eine Anfangsposition, in der sie, wie bei Übung 6, nur auf dem Po sitzen und sich lediglich entweder mit einer Hand oder einem Fuß abstützen dürfen.

Sehr langsam bewegen die Kinder sich von dieser Position in eine andere. Wenn sie schließlich eine neue gefunden haben, dürfen sie immer drei verschiedene Körperteile auf dem Boden haben, vielleicht beide Füße und eine Hand oder den Kopf, eine Hand und ein Knie usw. Hauptsache, es sind nicht mehr als drei Körperteile.

Diese Endposen sollen ganzkörperliche runde wie gerade Linien beinhalten, z.B.: ein Arm gerade und der Oberkörper rund oder die Beine gerade und ein Arm rund usw.

Es ist eine langsame Übung und die Kinder bestimmen selbst, wie viel Zeit sie für jede Verwandlung brauchen.

Das Bild dafür:

Was niemand weiß, ist, dass diese überaus kostbaren Schmuckstücke in ständiger Bewegung sind. Ganz langsam, fast unmerklich finden Verwandlungen statt, während sie bei den Schmuckhändlern in den Vitrinen liegen und von den Menschen bewundert werden. Aus einem Ring wird ein ganz anderer oder er wird zu einer Brosche usw. Stellt euch mal vor, einen Ohrring zu haben, der die Form immer wieder verändern kann. Das ist einmalig auf der ganzen Welt. Sehr vorsichtig müssen wir damit umgehen, die Schmuckstücke sind nämlich sehr empfindlich.

9. Am Platz – vom Sitzen zum Stehen

Die Endposen aus der vorherigen Übung werden nach und nach immer weiter nach oben gebracht, so dass die Kinder dann teilweise nur auf noch zwei oder sogar einem Körperteil stehen: mal auf einem Fuß und einer Hand, mal auf beiden Füßen und mal auf nur einem usw. Wichtig ist, dass sie weiterhin bewusst mit den geraden und runden Linien in der Bewegung arbeiten.

Es werden jetzt immer wieder Wechsel in den Raumebenen stattfinden. Auch das Tempo verändert sich wiederholt. Der jeweiligen Trommelmusik entsprechend sollen die Kinder sich entweder langsam oder sehr schnell bewegen. Die Trommel bestimmt jetzt das Tempo der Verwandlung.

Das Bild dafür:

Ist vielleicht irgendwas falsch gelaufen in der Produktion der Schmuckstücke? Sie verhalten sich jetzt sehr merkwürdig. Sie erreichen immer größere Dimensionen, als ob sie aus den Vitrinen raus wollen, und suchen den Weg immer weiter nach oben.

10. Endimprovisation – Die Flucht, frei im Raum

Die Bewegungsaufgabe ist dieselbe wie bei den Übungen 8 und 9. Ob am Boden oder im Stehen, die Kinder sollen sich nun fortbewegen, ohne dabei die Endpose, die sie jeweils erreicht haben, zu verändern. Sie dürfen bestimmen, ab wann und wie lange sie am Platz arbeiten sowie wann und auch in welchem Tempo sie sich fortbewegen.

Das Bild dafür:

> Es hatte sich schon abgezeichnet, dass irgendwas nicht in Ordnung war mit diesen Schmuckstücken. Es stellt sich jetzt heraus, dass sie keine Lust haben, ihr Dasein in einer Vitrine zu fristen. Es ist ihnen schlicht zu blöd, so ausgestellt zu sein. Auf der ganze Welt findet eine Massenflucht statt. Manchmal

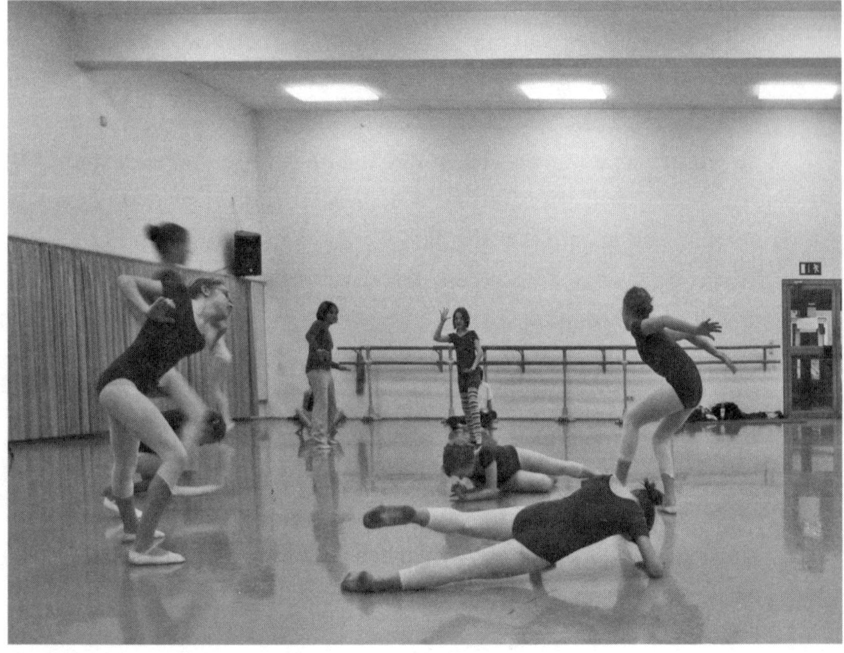

Workshop mit Kindern aus dem 4. bis 6. Schuljahr, 2009

bewegen sie sich sehr schnell, um rasch an einen Ort zu kommen, wo sie den neugierigen Blicken nicht ausgesetzt sind. Aber das eine und oder andere Stück bewegt sich so langsam und unauffällig, dass es praktisch unsichtbar ist.

Improvisationsstunde für Kinder im 5. und 6. Schuljahr

Rhythmus: $\frac{3}{4}$-Takt als Hauptrhythmus, außerdem $\frac{2}{4}$-Takt, $\frac{4}{4}$-Takt und Einführung des $\frac{5}{4}$-Takt
Bewegungsqualität: staccato und *legato*
Raum: variiert
Form: variiert

1. Dreierschritte im Kreis und außerhalb des Kreises
Nach der Begrüßung stehen wir im Kreis, unsere Front ist die Mitte des Kreises. Hier machen wir Dreierschritte am Platz, um den Hauptrhythmus der Stunde einzuführen. Wir nehmen uns bei den Händen, um sicherzustellen, dass alle im Rhythmus sind. Zur Unterstützung singen wir:

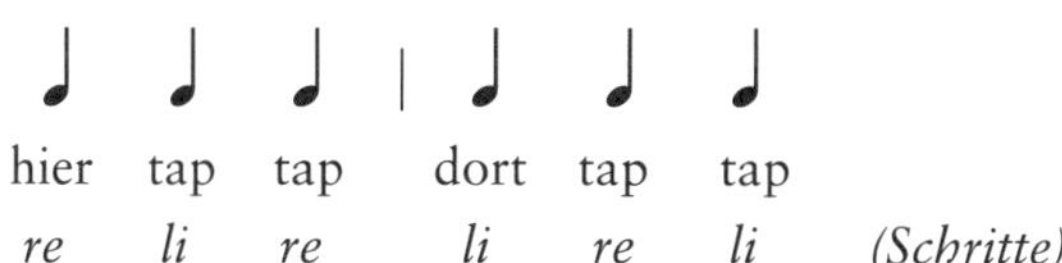

1 a: Wir führen den jeweils ersten Schritt eines Dreiers seitwärts aus, bei »hier« nach rechts, bei »dort« nach links; der zweite und dritte Schritt wird immer auf der Stelle gemacht, »tap tap«. So geht es hin und her. Hierbei halten wir uns ebenfalls an den Händen.

1 b: Während zweier Takte lassen wir den Kreis enger werden, indem wir den jeweils ersten Schritt eines Dreiers vorwärts tanzen. Dabei werden die Hände allmählich nach oben gebracht. – Wir halten uns noch immer an den Händen. – In weiteren zwei Takten öffnen wir den Kreis wieder, indem wir nun den jeweils ersten Schritt eines Dreiers rückwärts tanzen. Dabei senken sich die Arme allmählich wieder.

Hierbei wird nicht mehr gesungen, sondern ich trommle für die Kinder. Nur, wenn es unbedingt nötig ist, singe ich noch die Phrasierung mit.

1 c: Wir kombinieren: vier Takte seitwärts (rechts, links, rechts, links), zwei Takte vor- und zwei Takte rückwärts im Kreis. Danach lösen wir die Hände und die Kinder haben acht Takte, um den Kreis zu verlassen, den Schritt frei im Raum zu tanzen und wieder zurückzukehren. Sie sollen genau zu dem Platz zurückkommen, an dem sie vorher waren. Erneut nehmen wir uns bei den Händen. Wir üben diese Stelle, das Verlassen des Kreises und Zurückkommen, ein- bis zweimal, um das Gefühl für Zeit und Raum zu bekommen.

Beim Tanzen außerhalb des Kreises sollen die Arme einfach ganz natürlich mitbewegt werden.

Für das Auflösen des Kreises gebe ich den Kindern folgendes Bild:

Ihr befindet euch dabei in einer Art Schwimmbad. Das Wasser geht euch bis zur Brust. Wenn ihr geht, versetzt ihr besonders mit den Händen und Armen das Wasser leicht in Bewegung.

Später werden sie im Kreis sowie außerhalb des Kreises mit einer Wiederholung tanzen, so dass sie 16 Takte im Kreis sowie auch 16 Takte vom Kreis weg zu tanzen haben. In der Phase, in der sie frei im Raum tanzen, sollen sie selbstbestimmt Pausen in die Bewegung einbauen. Wichtig ist, dass sie mit dem Dreierschritt jederzeit stimmig einsetzen können – sie müssen also immer wissen, auf welchen Schlag die 1 kommt – und dass sie rechtzeitig wieder im Kreis sind.

2. Noch einmal Dreierschritte im Kreis und außerhalb des Kreises
Wir bleiben im Kreis. Nur stehen jetzt die Kinder in der Kreislinie hintereinander statt nebeneinander. Ihre Füße stehen zusammen und parallel. Die Hände werden in die Hüften gestützt.

Sie gehen einen Dreierschritt vorwärts. Diesmal soll der erste Schritt groß und die zwei anderen klein sein. Das machen wir dreimal.

Im vierten Takt wird nur der erste große Schritt gemacht – auf 1 –, und auf 2 schließt der andere Fuß in die Parallelposition und ins *plié*.

Anschließend wird in die Höhe gesprungen und bei der Landung – auf 3 – in die Hände geklatscht.

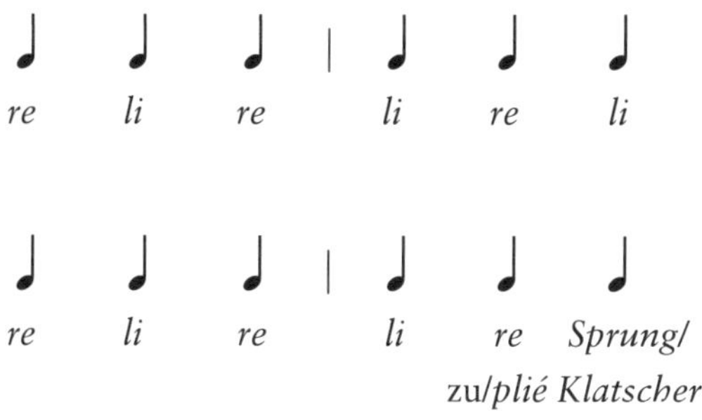

Tempo: schnell

Dies wird fortlaufend mehrere Male wiederholt. Wir machen die Übung in beide Richtungen des Kreises. Das Bein, das zum inneren Kreis steht, fängt immer mit dem Schritt an.

2 a: Die Kinder tanzen zweimal wie oben beschrieben, einmal in jede Richtung. Danach sollen sie sich in *legato*-Qualität vom Kreis wegbewegen und frei im Raum tanzen. Dabei müssen sie keinen Dreierschritt machen, vielmehr dürfen sie selbst bestimmen, ob sie durchgängig gehen oder auch Pausen einsetzen, ob sie sich langsam oder schnell bewegen. Für diesen Ausbruch aus dem Kreis haben sie acht Takte und bevor der letzte Takt zu Ende geht, müssen sie sich wieder an ihren Plätzen einfinden, um von vorne anzufangen. Bei der Wiederholung wird der Ausbruch in *staccato*-Qualität getanzt.

Das Bild für den Ausbruch aus dem Kreis:

Wenn wir *legato* tanzen, stellen wir uns vor, dass der Raum, der vorher ein Schwimmbad war, sich in ein Riesenaquarium verwandelt hat. Wir können problemlos unter Wasser atmen. Wenn wir uns bewegen, bewegen wir das Wasser mit, das übrigens schön warm ist. Wenn wir aber *staccato* tanzen, ist das Wasser plötzlich eiskalt geworden und die Bewegungen werden abgehackt. Das Wasser lässt sich nur schwer in Bewegung setzen.

Die Verwandlung des Bildes vom Schwimmbad zum Aquarium hat das Ziel, dass die Kinder sich räumlich von ganz unten bis ganz oben bewegen. Sie sollen jetzt das imaginäre Wasser nicht nur mit Armen und Händen, sondern mit dem ganzen Körper bewegen.

3. Bodenübung für Füße, Beine und Rücken – Streckung und Beugung

Rhythmus: 4/4-Takt

Tempo: moderato

Form: Abduktion und Adduktion der Arme und Streckung des Oberkörpers

Raum: Ebenen und Richtungen

Spielidee: Wir sind Adler.

Im Schmetterlingssitz fangen wir an. Der Kopf zeigt so tief wie möglich mit der Stirn Richtung Füße, die Arme liegen ganz eng am Körper, die Hände ruhen leicht auf den Füßen. Wir heben erst den einen

Arm seitlich hoch, wie den Flügel eines Adlers, dann den zweiten. Danach wird der Oberkörper aufgerichtet, zuletzt der Kopf. Sowohl Arme als auch Oberkörper bewegen sich nun langsam, der Kopf hingegen wird schnell und scharf bewegt. Dann geht es weiter, indem die Beine und Füße lang gemacht werden. Die Füße werden angezogen und wieder gestreckt. Während wir »spitzen« singen (siehe die folgende Phrasierung), bleiben die Beine und Füße gestreckt. Am Ende geht es schnell wieder zurück in die Anfangsposition. Das Ganze wird mehrere Male wiederholt.

Das Bild dazu:

> Der Adler ist ein Perfektionist. Bevor er losfliegt, will er sich sehr gut vorbereiten und sicher sein, dass sowohl Flügel wie Krallen bestens in Form sind. Er verschafft sich einen Blick über das Tal, über das er gleich fliegen wird. Seine Krallen spitzt er mehrere Male.

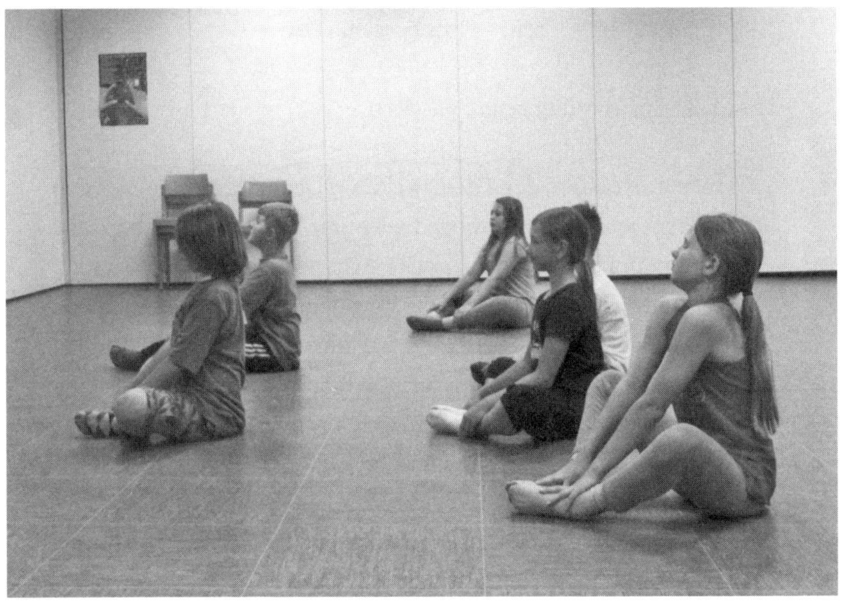

Im Schmetterlingssitz. Projektwoche mit Viertklässlern, Duisburg 2011

Phrasierung:

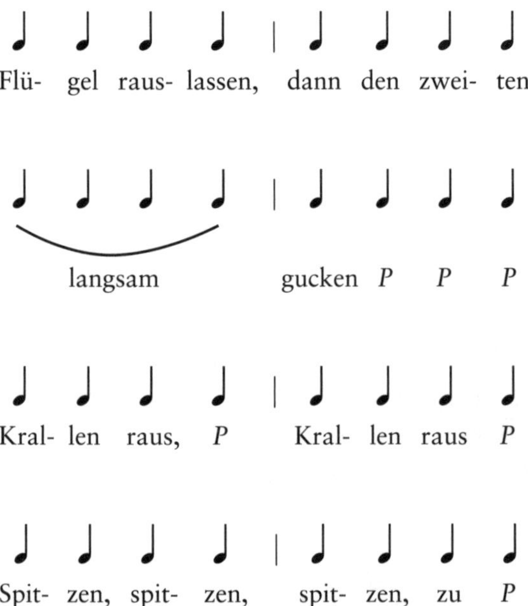

Was in der Phrasierung genau passiert:

- »Flügel rauslassen, dann den zweiten«: Der erste Arm breitet sich als Flügel aus. Der Ellenbogen zeigt zur Decke, die Handfläche nach unten. Dann geht der zweite Arm wie der erste in Position.
- »Langsam«: Der Rücken wird lang gemacht, dabei bewegen sich die Arme gleichzeitig wie Flügel auf und ab. »Gucken«: auf den ersten Schlag eine scharfe und kurze Kopfbewegung und Blick nach vorne richten und drei Schläge halten, (der Rest des Körpers wird im »Gucken«-Takt still gehalten)
- Zweimal »Krallen raus«: beim ersten Mal die Beine aus dem Schmetterlingssitz parallel lang machen, beim zweiten Mal die Füße bei »Krallen« beugen und bei »raus« schnell wieder strecken. Auf vier ist immer eine Pause.

- »Spitzen, spitzen, spitzen«: die Position wird gehalten und dabei die Spannung erhöht; auf »zu« schnell wieder in die Anfangsposition zurückkehren.

Die Kinder sollen das Ganze dreimal machen. Beim dritten Mal kehren sie am Ende nicht in die Anfangsposition zurück, sondern in eine Position, die den Kindern das Aufstehen ermöglicht, damit sie im Raum »herumfliegen« können.

Wie das Aufstehen genau geht, schauen wir uns jetzt an: Das rechte Bein wird nah herangezogen wie beim Schneidersitz. Das linke kreuzt vor dem rechten, dabei ist der linke Fuß aufgestellt. Fast zeitgleich schieben wir Becken und Oberkörper über das rechte Bein und drücken uns mit dem linken Fuß und dem rechten Bein hoch. Alles soll fließend passieren. Das Becken gibt den Impuls/Schwung.

Einen Takt haben die Kinder Zeit um aufzustehen, sich lang zu machen und sich zu orientieren. Fünf Takte haben sie zum Fliegen, wobei sie die Flügel lang und beweglich, hinauf und hinunter, führen sollen. Hohe und tiefe Flüge können sie durch aufrechtes und geducktes Laufen darstellen. Das Fliegen geschieht in fließenden *legato*-Bewegungen.

Die letzten zwei Takte haben sie, um wieder in einen guten Stand zu kommen, sich so lang wie möglich zu machen, wobei die Arme immer ausgebreitet bleiben, sich nochmals mit »Adleraugen« umzuschauen, indem sie mit dem Kopf *staccato*-Bewegungen in verschiedene Richtungen machen und sich zum Schluss behutsam hinsetzen und in die Anfangsposition gehen (dazu den Weg des Aufstehens rückwärts ausführen). Die Arme bleiben bis kurz vor Ende ausgebreitet.

Dann fangen wir wieder von vorne an. Die Kinder werden am Ende immer wieder woanders zum Sitzen kommen und eine andere Front haben, als zu Beginn.

4. Übung am Platz, im Stehen – besonders für die Haltung

Rhythmus: ¾-Takt

Tempo: moderato

Raum: zuerst alle Kinder im Raum verteilt mit der gleichen Front, dann verschiedene Fronten einnehmen lassen

Form: Beugung und Streckung

Spielidee: Personen mit sehr langen Armen, Fingern und Fingernägeln

Die Füße stehen parallel und zusammen. Die Kinder machen zuerst zwei *pliés* auf vier Takte verteilt. Dabei haben sie die Hände in die Hüften gestützt und machen sich lang. Ein Bild, das helfen kann, die Streckung des ganzen Körpers zu erreichen ist das von einem Gummi, das gleichzeitig nach oben und nach unten gespannt wird.

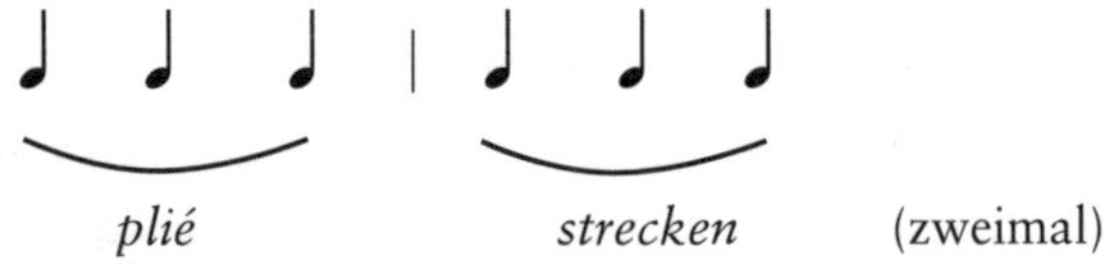

plié *strecken* (zweimal)

Danach sollen sie Dreierschritte machen:

- Auf 1 macht der rechte Fuß einen Schritt zur Seite.
- Auf 2 schließt der linke Fuß an.
- Auf 3 stampft der rechte Fuß auf der Stelle.
- Dann das Gleiche nach links und wieder nach rechts, insgesamt also dreimal bzw. drei Takte lang.
- Auf dem vierten Takt wird nur auf 1 mit dem linken Fuß gestampft (auf der Stelle!).
- Dann wird alles wiederholt. Der linke Fuß, der zuletzt auf die 1 gestampft hat, fängt nun wieder von vorne an, so dass die Füße immer abwechselnd beginnen.

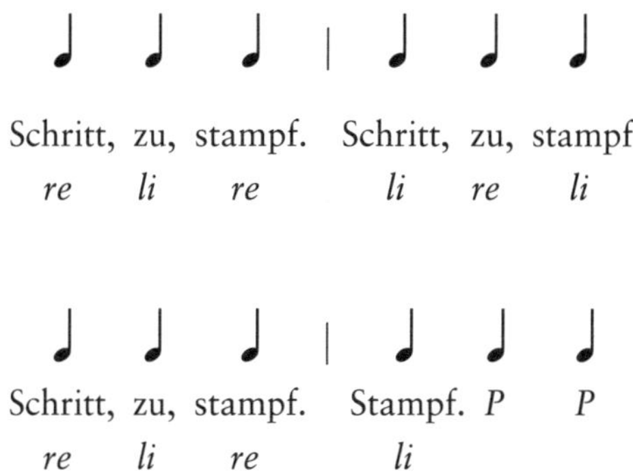

Bei jedem Schritt auf die 1 sollen die Kinder die Arme in verschiedene Richtungen von sich strecken und die Hände spreizen, als ob sie sehr lange Arme, Finger und Fingernägel hätten.

Nachdem wir das Ganze auch dreimal gemacht haben, sollen die Kinder frei im Raum gehen, mit Betonung auf der 1. Sie entscheiden immer neu, ob sie sich in *legato*- oder *staccato*-Qualität fortbewegen.

Bilder dazu:

Für *legato*-Qualität: Während ihr euch bewegt, zeichnen die Fingerspitzen feine Linien in der Luft.

Für *staccato*-Qualität: Es sind keine Linien mehr, sondern Punkte, die in der Luft gezeichnet werden.

Beim *legato* wie beim *staccato* sollen die Kinder mit dem Tempo der Musik spielen. Die Bewegungen der Arme sind voneinander unabhängig.

Sie haben acht Takte zur Verfügung, um sich fortzubewegen und um einen neuen Platz und eine neue Front zu finden, wo die Übung wieder von vorne beginnt.

5. Diagonalübung

Rhythmus: 2/4-Takt
Tempo: wird variiert
Raum: Im Zickzack durch den Raum gehen. In einer Ecke fängt die Übung an und geht von einer Seite zur anderen. Mindestens zwei Richtungswechsel soll es geben.
Form: frei variiert
Spielidee: unterschiedliche Typen und Stimmungen darstellen

Die Kinder müssen auf die 1 jedes Taktes eine Fortbewegung machen. Sie dürfen sich vor-, seit- und rückwärts bewegen. Allerdings müssen sie immer weiter vorankommen und nicht den Weg zurückgehen.

Zuerst gebe ich ihnen Stimmungen und Typen vor, die sie auf ihrem Weg darstellen sollen: mal zickig, mal arrogant, mal wütend, mal elegant usw. Entsprechend sollen sie mit der Form experimentieren. Welche körperliche Veränderung verlangt der Typ oder die Stimmung? Danach sollen die Kinder auch selbst Vorschläge für Typen/Stimmungen machen. Bei jeder Darstellung müssen sich für *staccato* oder *legato* entscheiden.

Sie müssen genau auf die Musik hören, mit der ich sie begleite, denn ich kann jederzeit das Tempo verändern.

5 a: Nachdem wir die Übung ein- bis zweimal gemacht haben, sollen die Kinder nach jedem Wechsel des Raumweges auch den Typ oder die Stimmung selbständig wechseln.
5 b: Wie 5 a, aber jetzt sollen die Kinder zusätzlich mit der Musik spielen. Die Fortbewegung muss nicht mehr auf die 1 erfolgen. Sie dürfen längere oder kürzere Pausen machen. Sie können das Tempo verdoppeln oder halbieren. Aber sie sollen nach wie vor bewusst und differenziert mit den verschiedenen Typen/Stimmungen arbeiten.

6. Endimprovisation

Zum Schluss kombinieren wir den ¾-Takt mit dem 2/4-Takt und machen daraus einen 5/4-Takt.

Wir lassen nun die unterschiedlichen Typen sich »im Wasser« bewegen, drei Schläge für die Füße und zwei für die Arme/Hände. Die Arme bewegen sich in Zeit und Richtung mal zusammen und mal unabhängig voneinander. Das entscheiden die Kinder selbst.

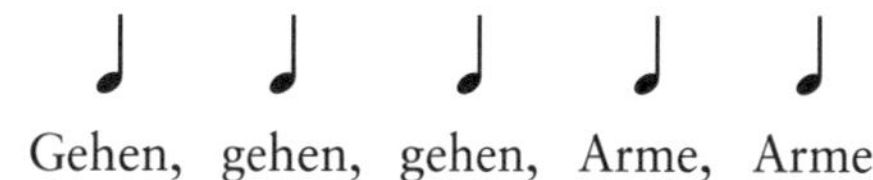

Danach wechseln wir, drei Schläge für die Arme/Hände und zwei für die Füße:

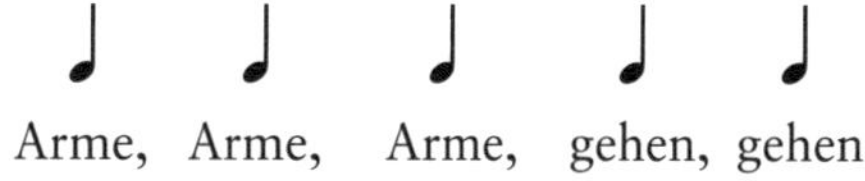

Wir probieren diese Übung zuerst am Platz aus, dann tanzen die Kinder frei im Raum.

Das Choreografieren

Es gibt viele Wege, zu einer Choreografie zu kommen. Eine Möglichkeit ist, mit den Kindern die Choreografie vorweg zu erarbeiten, indem die Tanzmotive in den Unterrichtsstunden entwickelt werden. Wenn ich das vorhabe, dann lasse ich die Kinder das erst mal nicht wissen. Denn das würde unnötige Aufregung und damit Unruhe hervorbringen. Außerdem besteht weniger Gefahr, dass wir daran ermüden, denn es wird keine Erwartung geweckt, dass wir zu einem bestimmten Zeitpunkt fertig sein werden. Für die Kinder ist es immer aufregend, an einer Choreografie zu arbeiten. Und je kleiner sie sind, umso weniger Geduld haben sie, bis »endlich alles fertig« ist. Wenn sie nicht wissen, dass es um eine Choreografie geht, können wir ohne »Hysterie« nach Material suchen.

Angenommen, ich habe eine Musik, auf die ich choreografieren möchte oder soll (im Auftrag der Schule beispielsweise). Dann werde ich als erstes die Musik analysieren und versuchen, eine Struktur herauszuhören und zu definieren. Aus dem Rhythmus der Musik erarbeite ich mehrere Tanzaufgaben.

In den folgenden Tanzstunden werden wir zunächst mit dem Rhythmus der Musik und den entsprechenden Tanzaufgaben arbeiten, ohne die eigentliche Musik zu benutzen. Für mich als Choreografin muss allerdings sowohl die rhythmische Struktur wie auch der Charakter der Musik sehr klar sein. Damit suchen wir ein passendes Thema, es sei denn, es ist durch ein bestimmtes Projekt schon vorgegeben.

Auf der Grundlage unseres Rhythmus arbeiten wir mit dem gefundenen Thema und/oder variieren es. Eine Weile arbeiten wir weiter an verschiedenen möglichen Variationen der Tanzaufgabe und ihrer Entwicklung. In die Arbeit bringen wir Formen und Raum ein, so dass wir einiges an Bewegungsmaterial sammeln können. Allmählich bekommt das Ganze Struktur und Charakter.

Es kommt dann ein Punkt, an dem die Kinder einige Tanzmotive kennen und beherrschen. Ob improvisatorisch oder nicht, entscheidend ist, dass die Kinder wissen, was sie tun. Einige dieser Motive werden zusammengefügt, so dass wir dann etwas längere Tanzfolgen haben.

Während wir am Material für die Choreografie arbeiten, werden auch andere Elemente in den Tanzstunden enthalten sein, die im Prinzip nichts mit der Choreografie zu tun haben. Es ist eher so, dass die Erarbeitung der Tanzmotive für die Choreografie nur einen Teil des Unterrichts ausmacht.

Zu einem passenden Zeitpunkt, nicht zu spät, führe ich allmählich die Musik ein. Dann versuchen wir, das vorbereitete Material auf die Musik zu setzen. Jetzt erst ist der Moment, in dem ich den Kindern sage, dass wir eine Choreografie gestalten und dafür viel Material aus unseren Tanzstunden benutzen werden. Auch hier wird schrittweise gearbeitet. Auf keinen Fall kann alles in einer Stunde zusammengebastelt werden. Es ist wie ein Puzzle, bei dem alle Teile vor uns liegen und das wir Stück für Stück zusammensetzen. Allerdings sind die Teile flexibel, so dass wir ständig die Möglichkeit haben, sie gemeinsam zu verändern, umzugestalten und weiterzuentwickeln. Auch dafür muss man Zeit einplanen. Ab diesem Punkt wird immer mindestens die letzte Viertelstunde des Unterrichts für die Choreografie benutzt.

Im Kapitel »Mit den Kindern improvisieren« (S. 60 ff.) habe ich eine Übung beschrieben, die der Vorbereitung einer Choreografie diente bzw. ein Teil von dieser wurde, und in der die Kinder in einem imaginären Garten mit den Blumen getanzt haben:

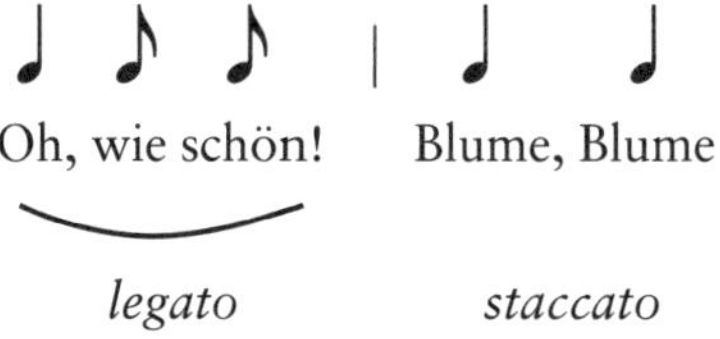

Anhand dieser Übung möchte ich Ihnen kurz erläutern, wie in etwa ich vorgehe.

Zuerst haben die Kinder diese Übung als solche ganz normal in der Stunde getanzt, vor allem in verschiedenen Raumvariationen. Am Platz, durch eine Diagonale, im Kreis, im Zick-Zack, mal zu zweit, mal alleine, wir haben das Tempo variiert usw. Und dann gab es Stunden, in denen ich einfach den Rhythmus dieser Übung genommen und daraus eine andere Tanzaufgabe gemacht habe. Die Kinder müssen also in der Lage sein, so vielfältig wie möglich mit dem gesamten Material zu arbeiten, das uns zur Verfügung steht. Nur so können wir ausprobieren und durch Veränderungen, Verwandlungen und Verfremdungen zu einem kreativen Prozess kommen. Wichtig ist, dass die Variationen über einen längeren Zeitraum immer mal wieder eingebracht werden. Am Ende haben wir aus diesen Übungen verschiedene Tanzmotive entwickelt. Eines dieser Tanzmotive war das folgende, zu zweit:

Ein Kind tanzt am Platz, indem es sich von ganz unten aus der Kniebeuge bis ganz oben auf den Ballen stehend bewegt. Die Aufgabe ist, mit beiden Händen auf jeden Grundschlag der Musik eine Blüte zu gestalten. Dabei sollte das Kind mit seiner eigenen Frontrichtung spielen, die es verändern kann. Es bewegt sich in *staccato*-Qualität. Auf jeden Schlag fällt eine Bewegung.

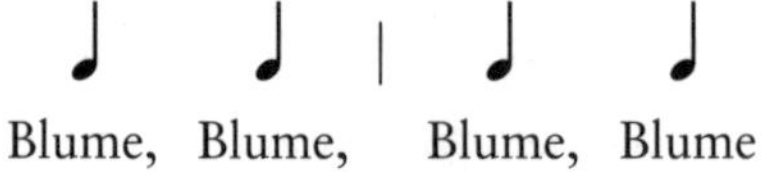

Blume, Blume, Blume, Blume

Das zweite Kind macht immer drei Schritte auf einen Takt. Es bewegt sich *legato* und umkreist das erste Kind. Die Arme sind lang und sollen sich immer vom Körper aus weit nach außen bewegen.

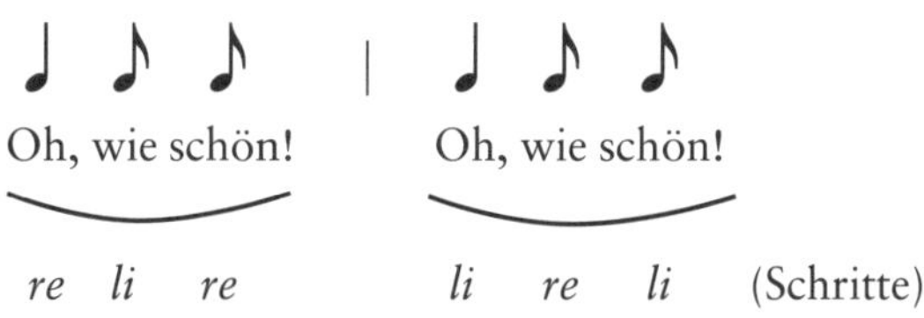

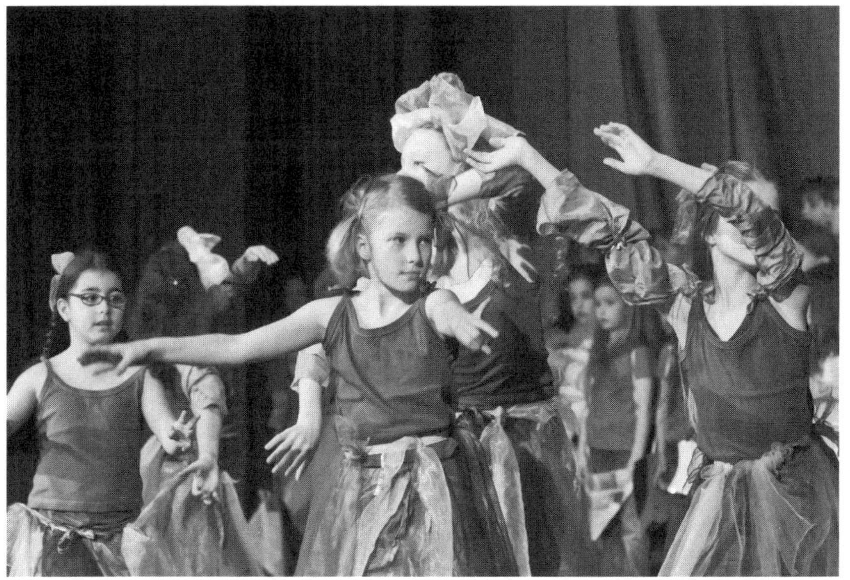

Der Blumentanz in »Olivers Abenteuer«, Choreografie von Catharina Gadelha, Köln 2010

Es gab zwischendurch auch Stunden, in denen wir gar nicht an der Choreografie gearbeitet haben. Wir haben das Material mal für eine Stunde liegen lassen, damit es sich setzen konnte, damit wir nicht daran ermüden und nichts erzwingen. Manchmal ist es gut, einen kleinen Abstand zu gewinnen. Besonderes mit kleineren Kindern, wie denen aus dem 1. Schuljahr, habe ich mit dieser Vorgehensweise sehr gute Erfahrungen gemacht. Wenn die Choreografie dann endlich steht, kommt es uns nicht so vor, als ob wir schon lange daran gearbeitet hätten. Ganz im Gegenteil, man hat das Gefühl, als ob alles eher neu wäre. Aber die Kinder sind gut vorbereitet und motiviert.

Die Tanzstücke, die ich in der Grundschule mit den Kindern erarbeite, sind nicht lang. Wie ich in dem Kapitel »Mit den Kindern improvisieren« erzählt habe (S. 60 ff.), hatten in einem Projekt Kinder vom 2. bis zum 6. Schuljahr zusammen getanzt. Die Grundschulkinder waren an zwei Stücken beteiligt. Die Kinder aus der 5. und 6. Klassen hatten insgesamt vier Stücke, in denen sie tanzten. Alle Stücke dauerten zwischen eineinhalb und zwei Minuten, nicht länger. Bei einem Organisationstreffen – wir hatten mehrere Aufführungen an verschiedenen Orten geplant – sagte eine Mutter einmal empört zu mir: »Ich fahre doch das Kind nicht so oft irgendwohin wegen *fünf* Minuten Tanz.« Darauf habe ich geantwortet: »Ihr Kind tanzt keine fünf Minuten, es tanzt eine Minute und 28 Sekunden, und dafür hat Ihr Kind sechs Monate gearbeitet.« Ich glaube, die Mutter hat mich gut verstanden, denn es gab nach diesem Treffen keine Probleme mehr mit dem »Fahrdienst«. Ich erzähle Ihnen das aus einem bestimmten Grund. Wir empfinden einen hohen Druck, mit den Kindern etwas produzieren zu müssen, und verwechseln dabei oft Quantität mit Qualität. In einer Minute Tanz kann eine Menge Arbeit stecken.

Wenn die Stücke stehen, versuchen wir, sie in sehr einfacher Form zu Papier zu bringen. Jedes Kind wird seine eigene Form der Tanznotation haben. Dadurch wird jedem einzelnen die Reihenfolge wie auch das räumliche Geschehen noch klarer. Es sind Notationen/Zeichnungen wie z. B.:

- Lauter Strichmännchen nebeneinander: Das bedeutete für das Kind, dass an der entsprechenden Stelle alle in einer Reihe waren.
- Ein Punkt in der Mitte, und aus dieser Mitte lauter Striche nach außen: Für das Kind stand diese Zeichnung für die Hände, die ausgebreitet »strahlen« sollen.
- Ein Strichmännchen von einem Kreis umgeben: Das stand bei

einem Kind für die oben beschriebene Szene, in der zwei Kinder zusammen tanzen; ein Kind in der Mitte stellt die Blume dar und das andere tanzt drum herum.

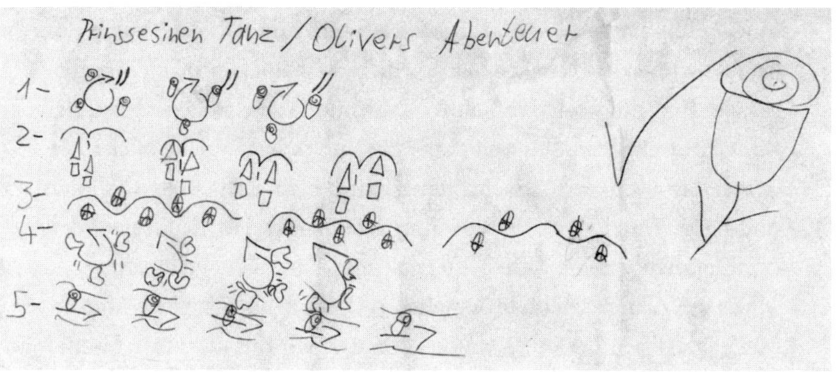

Tanznotation von Lilly

Der Bühnenauftritt

Ein Bühnenauftritt muss sorgfältig vorbereitet sein. Schließlich möchte ich eine gute Aufführung zustande bringen, denn auch das ist Ausdruck der Wertschätzung, die ich meiner Arbeit entgegenbringe. Was muss ich den Kindern vermitteln, wenn sie sich auf der Bühne präsentieren und sich dabei gut und sicher fühlen sollen? Leider ist das noch ein sehr schwacher Punkt beim Tanz in den Schulen und beim Auftritt mit Kindern im Allgemeinen. Die Kinder werden oft irgendwie auf die Bühne »gejagt« und dort allein gelassen.

Es gibt einige wichtige Aspekte, die mit Ernsthaftigkeit im Vorfeld geklärt werden sollten: Wie verhalten wir uns auf einer Bühne? Ist jedem klar, was er oder sie während des Auftritts zu tun hat? Ist sich jede/r der Verantwortung bewusst, die sie/er gegenüber allen anderen hat, die mit ihr/ihm tanzen? Haben wir uns vorher mit dem Raum, mit dieser Bühne, ausreichend vertraut gemacht?

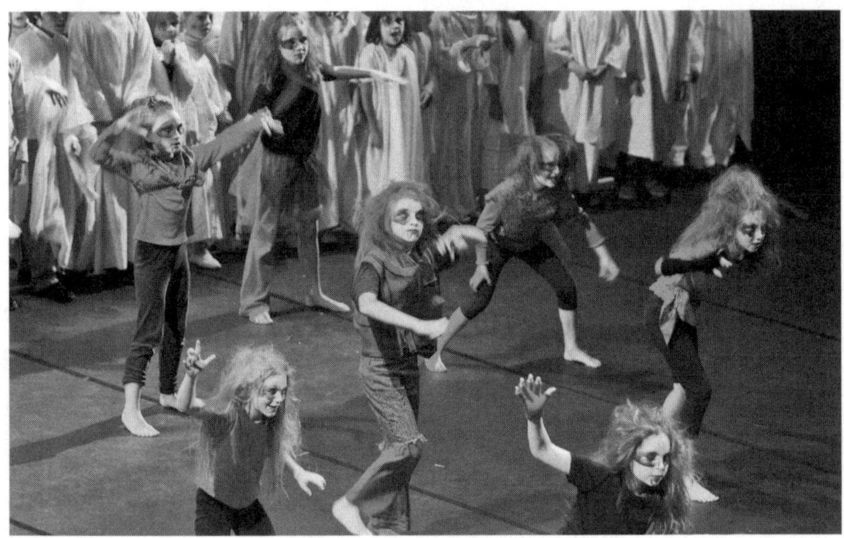

»Draculatanz«. Choreografie von Catharina Gadelha, Aufführung in der Oper Köln 2007

Ein Auftritt ist aufregend, und gerade aus diesem Grund sollten wir LehrerInnen, ChoreografInnen, KünstlerInnen usw. dafür sorgen, dass er so gut wie möglich vorbereitet ist. In diesem Fall ist es vor allem eine Frage der Organisation. Ich gehe nicht davon aus, dass die PädagogInnen, die sich damit nicht auskennen, unbedingt eine künstlerische Vorstellung auf die Beine stellen können oder wollen. Viele ChoreografInnen oder TänzerInnen, die wiederum oft nicht über ausreichend pädagogische Kenntnisse und Erfahrungen verfügen, machen sich hingegen ohne allzu große Bedenken an die Arbeit ... Hier stoßen wir leider an einen wesentlichen Punkt: Für die Arbeit mit Kindern im Bereich Tanz in der Schule ist *sowohl pädagogisches als auch künstlerisches Wissen/Können* nötig. Wir Erwachsenen machen es uns oft leicht, indem wir glauben, mit den Kindern alles machen zu können. Ich kann nur empfehlen sich ständig fortzubilden und »demütig« zu bleiben. Am Ende haben nicht nur die Kinder etwas davon, sondern alle Beteiligten, denn es wird sich in der Arbeit bemerkbar machen. Angefangen dabei, dass alle mehr Freude daran haben.

Der Bühnenauftritt muss ein Minimum an Qualität haben, damit es sinnvoll für die Kinder ist aufzutreten. Nur so erfährt die Arbeit der Kinder tatsächlich Würdigung. Mindestens die folgenden Punkte sollten entsprechend geprüft bzw. befolgt werden:

- Ist der vorgesehene Ort/Raum (Turnhalle, Schulhof, Aula etc.) als Auftrittsort geeignet? Kann man darin die Bühne eindeutig erkennen und vom Zuschauerraum unterscheiden?
- Haben die Kinder einen Ort, an dem sie sich vorbereiten, sich umziehen, sich aufwärmen und konzentrieren können?
- Funktioniert alles, was benötigt wird, beispielsweise die Musik oder gegebenenfalls auch das Licht?
- Hat man die nötige Ruhe für den Auftritt, also keine Störungen von außen?
- Mindestens eine Bühnenprobe sollte es am Auftrittsort geben!

- Sicherheit der Kinder:
  - *Die Choreografie muss so stehen, dass jedes Kind sich sicher fühlt in dem, was es macht.*
  - *Jedes Kind muss wissen: Wie komme ich auf die Bühne? – Wann ist mein Einsatz? – Wo gehe ich wieder ab? – Wie benehme ich mich auf der Bühne? – Wie geht die gemeinsame Verbeugung? (Auch noch in der Verbeugung ist es notwendig, Haltung zu bewahren.)*
  - *Kann jedes Kind seine Aufgabe alleine, selbstständig bewältigen?*
- Alle müssen vor jeder Vorstellung früh genug da sein, um sich vorzubereiten.
- gemeinsames Aufwärmen vor der Vorstellung
- dem Thema/Auftritt entsprechende Kostümierung

Apropos Kostüm. Diesen Punkt möchte ich etwas vertiefen. Eine dringende Würdigung, die die Kinder verdienen, ist es, in einem anständigen Kostüm auf die Bühne zu gehen! Was ich seit Langem beobachte und wo ich leider kaum eine Veränderung in den letzten Jahren feststellen konnte, ist, dass die Kinder mehr oder weniger in Alltagskleidung auf die Bühne gehen. Ob sie mal kurz vor dem Auftritt auf dem Spielplatz waren und die Klamotten voller Sand sind oder ob Schlüsselanhänger aus der Hosentasche hängen und sogar der Abdruck eines Handys in der Hosentasche zu sehen ist, stört scheinbar niemanden.

Es gibt natürlich auch das andere Extrem, wo die Kinder völlig unpassend oder überkostümiert auf die Bühne geschickt werden. Wenn etwa jeder einfach mal das Kostüm mitbringt, das er zu Hause hat und dann oft zum ersten Mal erst bei der Aufführung damit tanzt, so dass die Kinder während ihres Auftritts völlig abgelenkt werden von ihrem eigenen Kostüm, welches zudem gar keinen Zusammenhang hat mit dem, was sie tanzen. In so einer Gruppe sind immer auch Kinder dabei, die gar nicht kostümiert sind. Die hatten vielleicht leider kein Kostüm zu Hause, die tanzen eben mit ihrer Alltagskleidung. Was das soll, versteht kein Mensch. Es scheint auch nicht wichtig zu sein.

Es geht hier nicht darum, aufwendige oder teure Kostüme zu haben. Wir können alle mit den Kindern zusammen etwas gestalten, das mit ihrem Tanz zu tun hat. Es gibt einfache und gute Lösungen, durch die die Kinder ein Gefühl von Gemeinschaft bekommen und sich als Figur dargestellt fühlen können. Einige Beispiele:

- Alle tragen blaue kurze Hosen und ein einfarbiges T-Shirt.
- Jedes Kind ist komplett in einer bestimmten Farbe angezogen. Ein Kind ganz in Gelb, das andere in Grün, ein drittes in Rot usw.
- Alle Kinder sind einheitlich in Braun, Grau oder Dunkelblau (enges T-Shirt und kurze Leggins) gekleidet. Dazu tragen sie von mir besorgte oder mit allen zusammen gebastelte Papierblumen, die an der Kleidung angebracht werden. Oder es werden Wolfsohren o.ä. an den Köpfen befestigt.
- Die Kinder können zusätzlich zur einheitlichen Kleidung frisiert und/oder geschminkt werden.
- Eine konkrete Kostümierung, in der eine Gruppe von mir einmal als Geisterjäger auf der Bühne war: Alle Kinder haben eine Jeanshose und -jacke falsch herum an. Sie haben, jedes Kind anders, Tücher an verschiedene Körperteile gebunden. Lange Haare sind zusammengebunden und auf dem Kopf tragen alle ein Käppi.

Auch wenn der Auftritt »nur« eine Minute dauern soll, sollten wir ihm einen Sinn geben und ihn wertschätzen. Es ist deprimierend, wie die Kinder bei manchen Vorstellungen vorgeführt werden. Es ist eine Missachtung den Kindern gegenüber.

In dieser Hinsicht müssen wir, die wir im Bereich Tanz für Kinder und Jugendliche arbeiten, noch sehr viel verbessern. Wir müssen unsere Arbeit und die Kinder ernst nehmen! Ich bin mir sicher, dass darin ein großes Potenzial liegt. Wir sollten uns immer auch bei den

Kollegen umschauen, denn es gibt viele – sowohl im Tanz- wie im Theaterbereich –, die eine exzellente Arbeit mit Kindern und für Kinder leisten.

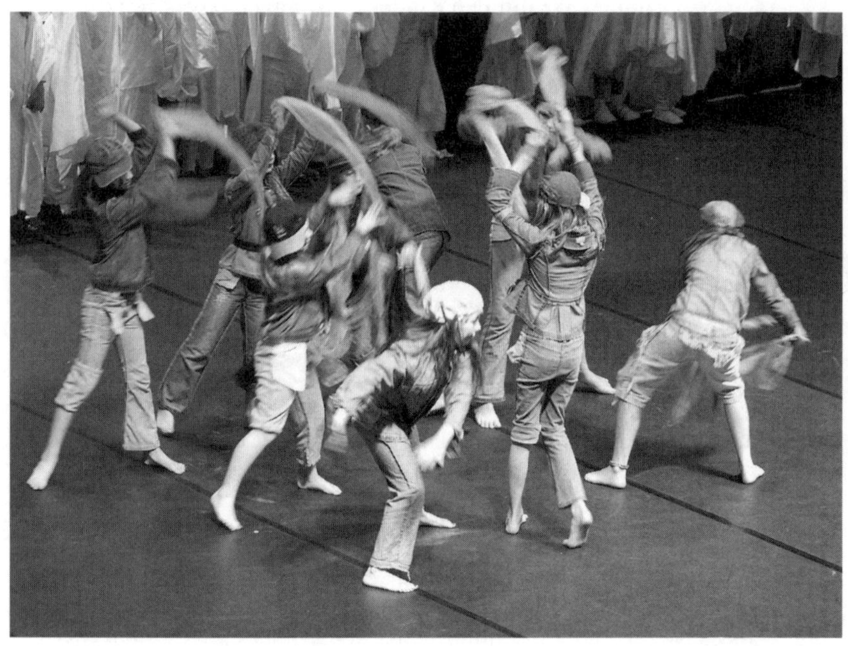

»Geistertango«. Choreografie von Catharina Gadelha, Aufführung in der Oper Köln 2007

Schlusswort

Die Mischung aus Lust an Bewegung und am Spiel einerseits mit Klarheit und Überzeugungskraft andererseits ist die notwendige Basis für den Unterricht mit Kindern. Stets müssen wir uns der Verantwortung gegenüber den Kindern und Jugendlichen, mit denen wir arbeiten, bewusst sein. Ich persönlich habe den Anspruch, dass die jungen Menschen, die mit mir tanzen, sowohl an ihrem Bewusstsein, an ihrer Präzision wie auch an ihrer Leidenschaft arbeiten. Den Begriff Bewusstsein benutze ich hier vor allem, wenn es darum geht, dass die Kinder verinnerlichen, was sie tun, warum und wie sie es tun. Und das alles wird eben nicht von der Lehrperson diktiert, sondern ergibt sich durch kritisches und fantasievolles Handeln.

Der Tanz mit Kindern und Jugendlichen sollte nicht als Übergangsjob gesehen werden oder als nette Nebenbeschäftigung in Schulen, Kindergärten oder sonstwo. Wir Erwachsenen sollten unsere Arroganz gegenüber Kindern ablegen und sie nicht behandeln, als wären sie nur halb so viel wert wie wir. Oft genug heißt es leider: »Machen Sie doch irgendwas, das sind Kinder. Hauptsache, die haben Spaß.« Oder: »Für die Kinder reicht das doch!« Und so sieht das Ergebnis dann auch aus, sowohl im Unterricht als auch auf der Bühne.

Ich kann Ihnen nur empfehlen, immer den Kontakt zur Schulleitung, zu den Eltern und Lehrern zu pflegen und ihnen Ihre Arbeit zu zeigen. Ich selber biete immer, wenn ich einen Kurs mit Kindern beginne – ob in der Schule oder im Privatunterricht –, eine Stunde an, in der Eltern, LehrerInnen und Schulleitung zuschauen können. So bekommen sie einen Einblick in meine Arbeit und mein Konzept. Diese »Demostunde« hat sich als sehr effizient für alle Beteiligten erwiesen. Für die Eltern und Lehrer ist es oft eine Aufklärung, denn die meisten erwarten etwas ganz anderes bzw. haben allgemein nicht viele Erwartungen an die Tanzstunde. Und das ist keinesfalls »böse«

gemeint. Für mich ist die Demostunde hilfreich, weil sie zusammen mit der Vorstellung meines Konzeptes auch immer wieder eine Reflexion meiner Arbeit bedeutet und nicht zuletzt mit der Hoffnung auf mehr Unterstützung und Wertschätzung für den Kurs verbunden ist. Eine Mutter sagte mir einmal nach einem halben Jahr: »Catharina, die Stunde, zu der wir damals eingeladen waren, um deine Arbeit kennenzulernen, hat wie eine Bombe bei mir eingeschlagen. Ich hatte vorher ehrlich gedacht: Hauptsache, das Kind ist beschäftigt und hat Spaß. Dass es so viel in der Tanz-AG lernen könnte, hatte ich nicht erwartet.«

Wir sollten aber nicht nur zu uns einladen und uns in dem sonnen, was wir erreicht haben, sondern auch rausgehen, andere Leute aufsuchen und offen für Begegnungen und Neues sein. Ich empfehle, sich nicht nur auf den Tanzbereich zu beschränken, sondern auch immer wieder Fortbildungen und Workshops etwa im Theater- und Musikbereich zu besuchen. Ich schätze immer mehr die Einflüsse, die ich für mich persönlich und meine Arbeit aus verschiedenen

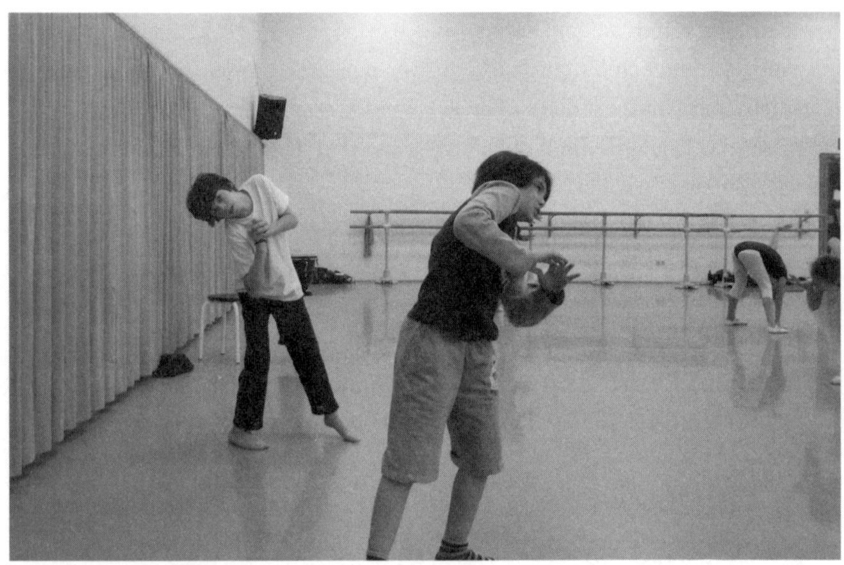

Workshop mit Kindern aus dem 4. bis 6. Schuljahr, 2009

Bereichen gewinne. Umgekehrt sollten wir uns aber auch nicht in den vielen neuen Impulsen verlieren, sondern immer wieder darauf besinnen, dass wir tanzen.

Was sich in letzter Zeit deutlich positiv verändert hat, ist, dass mehr Jungen am Tanzunterricht teilnehmen. Sie kommen zwar noch nicht in Mengen freiwillig, aber wenn sie eben bei einem Workshop oder Tanzprojekt mitmachen müssen, wird das mittlerweile als Normalität angesehen. Diese Entwicklung hat u. a. damit zu tun, dass Tanz in unserer Gesellschaft in einiger Vielfalt immer präsenter wird. Tanz wird immer weniger ausschließlich mit dem Bild des rosafarbenen Tutus verbunden. – Das Tutu darf und soll natürlich bleiben, aber eben als eines von vielen Bildern für den Tanz. Die Vorstellung von einem Jungen, der in seinem Fußballtrikot ganz selbstverständlich tanzt, ist eben auch ein sehr schönes Bild. Damit werden Vorurteile und Ängste abgebaut, und alle bekommen eine Chance. Wir, die wir unterrichten, und eben auch alle Kinder, die tanzen möchten.

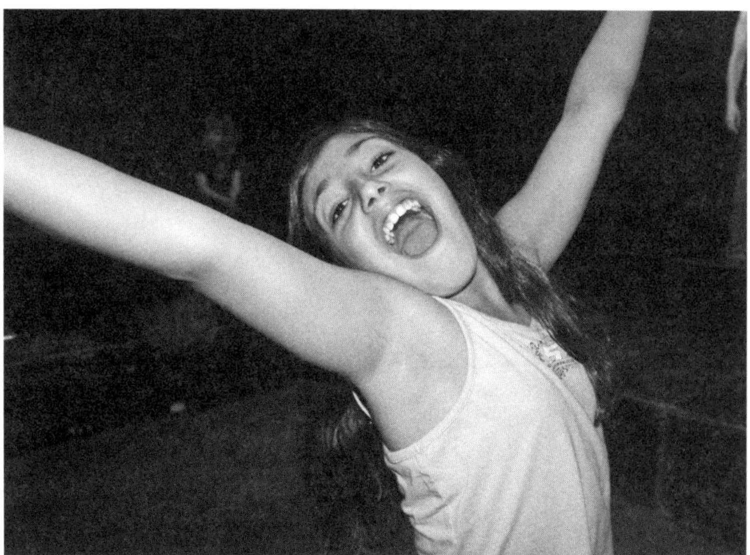

Projektwoche mit Drittklässlern, Duisburg 2010

Dass wir überzeugt sind von dem, was wir machen, ist ein wesentlicher Punkt für den Erfolg unserer Arbeit. Neben dieser Überzeugung sind Lust, Freude und Begeisterung nicht weniger wichtig. Tanz braucht: Musikalität in der Bewegung, Bewegungsqualitäten, Raumgefühl, Rhythmus, Präzision, Fantasie, Spiel und Lust auf all das. Das fängt bei uns selbst an! Ich möchte jede und jeden, der Kinder unterrichten will, dazu ermutigen und motivieren, sich intensiv damit auseinanderzusetzen.

In jedem Kind und Jugendlichen steckt einen Menge Potenzial. Dieses Potenzial mit ihnen zusammen zu entdecken und weiterzuentwickeln, ist ein großartiger Prozess. Wir brauchen keine Requisiten und noch nicht einmal eine Musikanlage, um Tanz qualifiziert zu unterrichten. In bewusst reduzierter Form einen hochwertigen Tanzunterricht zu gestalten, ist eines der Ziele, die ich verfolge. Mit Kompetenz und Begeisterung ausgestattet, benötigen wir lediglich einen Raum und Kinder – und schon kann der Unterricht beginnen!

Anhang

Glossar

Abduktion	das Wegführen eines Körperteils von der Körperlängsachse, z. B. die seitliche Hebung eines Armes bis auf Schulterhöhe
Adduktion	Bewegung eines Körperteils zur Körperlängsachse hin, z. B. die Senkung des Armes, der zuvor auf Schulterhöhe gehoben worden war
legato	ital. »gebunden«; Die Bewegungen werden in fließenden Übergängen ausgeführt, unabhängig vom nötigen Krafteinsatz und Tempo.
moderato	ital. »mäßig«; klassische Tempobezeichnung, gehört zu den mittleren Tempi
Phrasierung	das Rhythmisieren von Wörtern, Sätzen und Geräuschen; Die Phrasierung betont den Rhythmus, in dem gearbeitet wird. Außerdem kann sie durch das Gesungene sowohl den Sinn der Übung verdeutlichen als auch das Speichern der Reihenfolge erleichten. Die Phrasierung wird die Bewegung mit dem Rhythmus verkoppeln. Sie wird in diesem Buch immer auf der Basis von Viertelnoten zu finden sein. Eine Viertelnote steht jeweils für einen Grundschlag innerhalb eines Takts (4/4, 3/4 etc.). Sie kann geviertelt, halbiert, verdoppelt oder vervierfacht werden, siehe dazu die entsprechende Aufschlüsselung der Notenwerte im Abkürzungs- und Symbolverzeichnis.

plié — franz. »gebeugt«; Der Begriff meint das Beugen eines oder beider Knie im Tanz. Es ist seit Jahrhunderten üblich, dass im Tanz, vor allem im klassischen Ballett, französische Begriffe benutzt werden, die dadurch weltweit verstanden werden.

staccato — ital. »abgestoßen«, »abgetrennt«; Die Bewegungen werden ungebunden, in abrupten Übergänge ausgeführt, wie beim *legato* unabhängig von Tempo oder nötigem Krafteinsatz.

Tutu — ein Ballettröckchen aus mehreren Schichten Tüll, manchmal auch aus Seide oder Nylon

Abkürzungs- und Symbolverzeichnis

beu beugen
Bew Bewegung
li Schritt mit dem linken Bein
P Pause
re Schritt mit dem rechten Bein
str strecken

Als Symbol für den Grundschlag, von dem wir bei jeder Übung ausgehen, benutzen wir die Viertelnote:

♩

Die verschiedenen Notenwertsymbole, die Sie außerdem als Richtwert für die Zählzeiten bei den Übungen finden, stehen zur Viertelnote wie folgt im Verhältnis:

𝅗𝅥 (halbe Note) = ♩♩

♩ = ♪♪ (Achtelnoten)

♩ = 𝅘𝅥𝅯𝅘𝅥𝅯𝅘𝅥𝅯𝅘𝅥𝅯 (Sechzehntelnoten)

Auswahlbibliografie

Frege, Judith, *Kreativer Kindertanz*, Leipzig [3]2010

Frey, Roswitha, »Mitspiel-Theater »Trau Dich« oder vom Spielen zum Theater spielen. Versuch einer Wegbeschreibung«, in: Hoffmann, Christel/Israel, Annett (Hg.), *Theater spielen mit Kindern und Jugendlichen*, Weinheim und München [4]2008

Neubauer, Simone, »Improvisation als grundlegende Arbeitsmethode bei der Inszenierung von Dramen mit Jugendlichen. ›Die Liebenden in der Untergrundbahn‹ von Jean Tardieu«, in: Hoffmann, Christel/Israel, Annett (Hg.), *Theater spielen mit Kindern und Jugendlichen*, Weinheim und München [4]2008

Koegler, Horst, *Kleines Wörterbuch des Tanzes*, Stuttgart 1999

Lex, Maja/Padilla, Graziela: *Elementarer Tanz*, 3 Bde., Wilhelmshaven 1988

Peters-Rohse, Gisela, »Kinder tanzen«, in: Peters, Kurt (Hg.), *Die Tanzarchiv-Reihe*, Band 11, Köln 1977

Dies., »Vorschul-Kindertanz-Erziehung«, in: Peters, Kurt (Hg.), *Die Tanzarchiv-Reihe*, Band 17/18, Köln 1977

Ränsch-Trill, Barbara, *Kultur – Sport – Kunst – Symbol, Tanz im Kulturellen Gedächtnis* (Reihe: Texte – Quellen – Dokumente zur Sportwissenschaft, Band 32), Schondorf 2004

Storch, Maja/Cantieni, Benita/Hüther, Gerald/Tschacher, Wolfgang: *Embodiment. Die Wechselwirkung von Körper und Psyche verstehen und nutzen*, Bern 2010

Tiedt, Anne, »Bewegende Verse. Wie aus einem Gedicht Bewegung wurde«, in: *Sportpädagogik* 5/2001

Dies./Tiedt, Wolfgang, »Kreativität – Idee und Gestaltung künstlerischer Bewegung am Beispiel Spiel-Musik-Tanz«, in: Ränsch-Trill, Barbara (Hg.), *Kreativität. Phänomen – Begriff – Sportwissenschaftliche Aktualität*, Sankt Augustin 1999

Tiedt, Wolfgang, »Bewegungstheater, Bewegung als Theater, Theater mit Bewegung«, in: *Sportpädagogik* 2/1995

Über die Autorin

Catharina Gadelha wurde 1966 in Brasília, Brasilien, geboren, wo sie eine klassische Tanzausbildung machte und bis 1989 als Bühnentänzerin arbeitete. 1984–1987 studierte sie Sport an der Universität von Brasília.

In Europa – sie lebt seit 1989 in Köln – wandelte sich ihr Tanzstil vom Klassischen über den Zeitgenössischen Tanz hin zum Tanztheater. Ihr Weg führte sie zur Sporthochschule Köln und dort zum Elementaren Tanz bei Graziela Padilla (1990–1992) sowie in den Fachbereich Spiel, Musik und Tanz/Bewegungstheater (1992–1994) mit Anne Tiedt und Prof. Wolfgang Tiedt als Dozenten. Anschließend absolvierte Catharina Gadelha ein tanzpädagogisches Studium, u. a. bei Gisela Peters-Rohse an der Musikhochschule Köln (1994–1996).

Seither arbeitet sie als Tanzpädagogin und Choreografin sowohl im Kinder- und Jugendbereich als auch mit Erwachsenen. Sie entwickelte ein eigenes Konzept zum Tanzunterricht für Kinder und Jugendliche (Tanztechnik, Improvisation und Komposition) in der Gymnasialen Ballettausbildung der Rheinischen Musikschule Köln, wo sie über zehn Jahre tätig war, sowie für den Kindertanz in Grundschulen. Seit 2000 choreografiert sie darüber hinaus sowohl an Stadttheatern als auch für freie Theatergruppen.

Seit 2003 bietet Catharina Gadelha im In- und Ausland Fortbildungen für Tanz- und Theaterschaffende im Bereich Kindertanz an. Weiterhin lehrt sie seit 2008 Tanztraining, Methoden und Choreografieren an der Deutschen Sporthochschule in Köln. Ebendort ist sie zudem am Institut für Tanz- und Bewegungskultur seit 2010 als Dozentin im Master-Studiengang Tanzkultur V. I. E. W. tätig. Seit 2011 hat sie außerdem einen Lehrauftrag für Ballettunterricht an der Universität Bonn am Collegium Musicum.

Catharina Gadelha ist künstlerische Leiterin der 2011 von ihr mitgegründeten Kölner Werkstatt für Bühnentanz, *Dansons* (www.dansons.de).

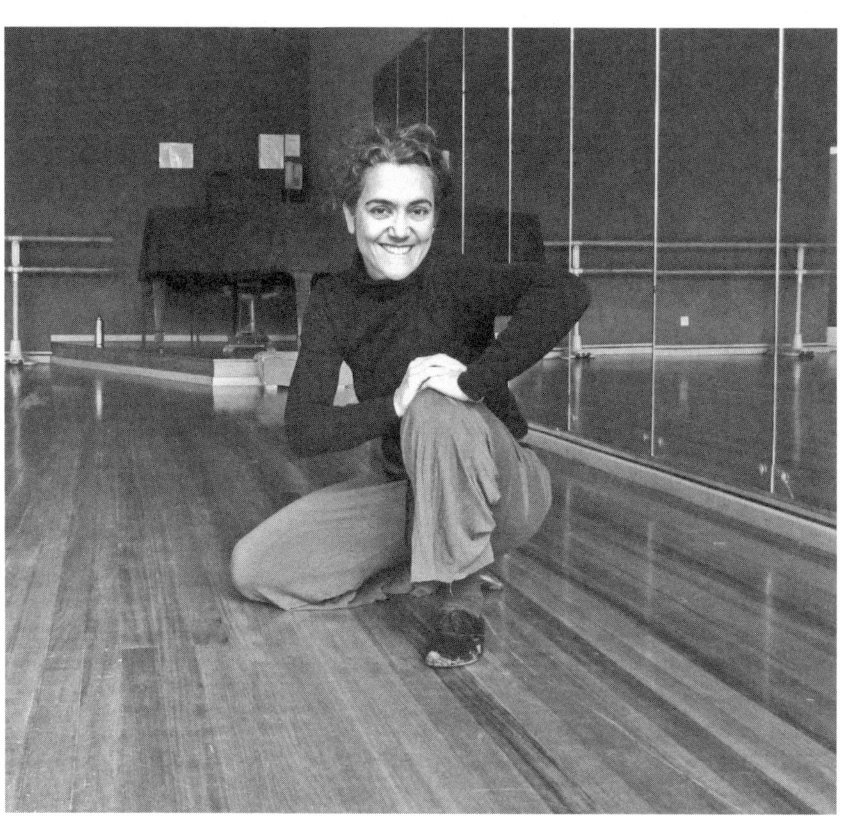

Weitere Bücher zu Kinder- und Jugendtanz

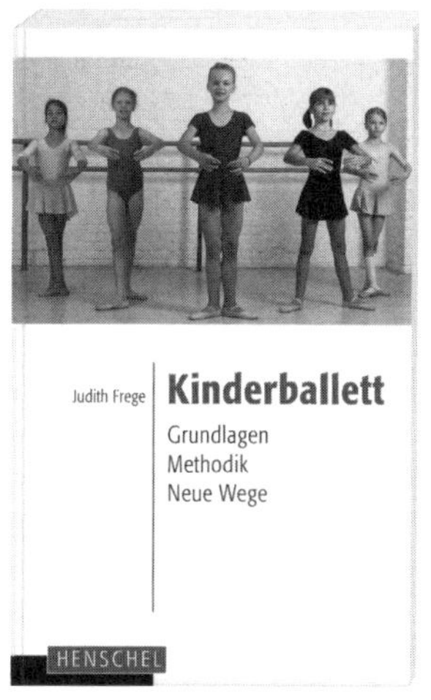

Judith Frege
Kinderballett
Grundlagen – Methodik – Neue Wege
160 Seiten, 48 Abbildungen
ISBN 978-3-89487-715-6

Dieser ebenso praktische wie didaktisch und medizinisch fundierte Ratgeber will Tanzpädagogen dazu ermutigen, ihr Lehrspektrum auf kreative und lustvolle Art zu erweitern und neue Herangehensweisen auszuprobieren. Eltern haben die Möglichkeit, sich anhand von Bild und Text umfassend darüber zu informieren, was ihre Kinder im Ballettsaal erwartet.

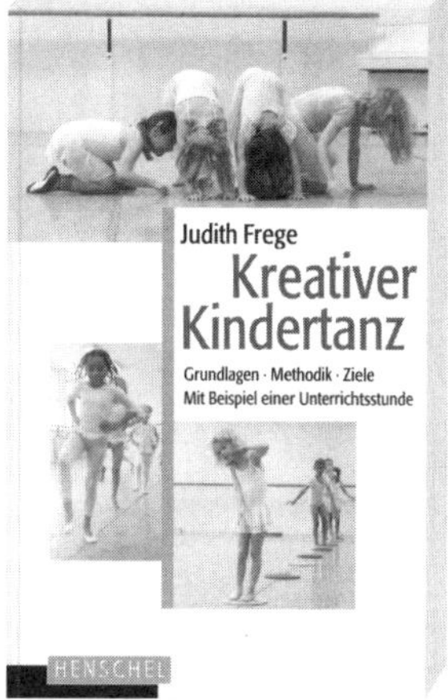

Judith Frege
Kreativer Kindertanz
Grundlagen · Methodik · Ziele
Mit Beispiel einer Unterrichtsstunde
160 Seiten, 32 Abbildungen
ISBN 978-3-89487-495-7

Eine ganzheitliche, tänzerisch-musische Körpererziehung für Kinder von 4 bis ca. 10 Jahren. Die Kinder werden auf spielerische Weise in ihrem Körperbewusstsein gefestigt, Muskulatur, Feinmotorik, Raum und Rhythmusgefühl sowie Ausdauer werden gestärkt.

»Ein Leitfaden, der mit einer Fülle von Informationen hilft.« Theater pur

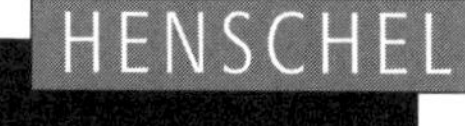